Lina und Ulla Rhan
»Ich rauche doch nur Joints!«

Lina und Ulla Rhan

»Ich rauche doch nur Joints!«

Was Erwachsene über
Drogen wissen sollten
(und Jugendliche ihnen
nie erzählen würden)

Kösel

Zur Wahrung der Persönlichkeitssphäre haben wir die Namen aller in diesem Buch vorkommenden Personen geändert oder gekürzt. Gegebenenfalls wurden biographische Einzelheiten verfremdet, um Rückschlüsse auf die wahre Identität der beschriebenen bzw. interviewten Personen zu verhindern.

Verlagsgruppe Random House FSC-DEU-0100
Das für dieses Buch verwendete FSC-zertifizierte Papier
Munken Print White liefert Arctic Paper Munkedals AB, Schweden

Copyright © 2009 Kösel-Verlag, München,
in der Verlagsgruppe Random House GmbH
Umschlag: fuchs_design, München
Umschlagmotiv: getty images/Alex Cao
Illustrationen: Lina und Ulla Rhan
Druck und Bindung: GGP Media GmbH, Pößneck
Printed in Germany
ISBN 978-3-466-30785-2

Weitere Informationen zu diesem Buch und unserem
gesamten lieferbaren Programm finden Sie unter
www.koesel.de

» Urteile nicht über einen anderen Menschen,
bevor du nicht zwei Monde lang in seinen
Mokassins gelaufen bist. «

Sprichwort der Cheyenne-Indianer

Für Gerhard und Eva

Für Ines, unsere treue Freundin,
die alles miterlebt hat, und für alle
Erwachsenen, die bereit sind, eine
Weile in den Mokassins von Jugendlichen
zu laufen.

Wir danken den Menschen, die uns in unseren
Interviews ihre Situation mit so viel Offen-
heit geschildert und unsere Fragen so bereit-
willig und geduldig beantwortet haben.

Inhalt

9	**Wir**
13	**»Ich hätte auch gern mit meiner Tochter angegeben ...«**
16	Rückblende: Wie alles begann
22	Nebelmaschine
24	**Zeit, die Augen aufzumachen**
26	Sucht: Überall und nirgends
28	Die Räucherstäbchen-Legende
30	Aufwachen!
31	Die Kenner der Lage
32	**Süchtig, süchtig, trallala**
34	Jedem das Seine!
36	Was heißt hier süchtig?
37	Entscheidungsfreiheit
39	Sucht – von siech, nicht von suchen
40	Wenn der Alltag nur noch high erträglich ist
44	**Wie Blitze im Hirn**
46	Hätte, wäre, wenn ...
47	Was nehmen Jugendliche denn so?
49	Steckbrief illegale Substanzen
58	Geht es um Wirkung oder um Geschmack?
59	Was hat welche Wirkung?
61	Tanz um die Droge
63	**Mamas Helfer, Papas Trost**
64	Die Erwachsenenwelt auf dem Prüfstand
68	Welches Vorbild geben wir Erwachsenen ab?
71	Genuss

73	**Extra-planetares Leben: Die Welt der Jugendlichen**
76	»Lass mich! Lieb mich!«
80	Streitthema Geld
83	Herkules wäre zusammengebrochen
87	Jungen sind anders, Mädchen auch
89	Migrationshintergrund: Entwurzelt und ins Aus gestellt
91	Bloß nicht auffallen: Die Clique
95	Wo der Bär rockt und der Punk abgeht: Verschiedene »Szenen«
97	1868: Schnee von gestern?
104	Vom anderen Stern
106	**»Aber mein Kind ist clean, oder?!«**
106	Ein bisschen Statistik
108	O-Töne von Eltern
110	Mögliche Hinweise auf Drogenmissbrauch
114	Drüber reden?
116	Den ersten Schritt machen
120	10 Regeln für Kommunikation
126	Grenzen ziehen
129	Wenn Sie allein nicht weiterkommen
130	**Alles, was stark macht**
132	Take a risk, stay clean!
137	Als Erwachsener Farbe bekennen
140	Giftliste: So bitte nicht
142	Epilog
143	**Info-Teil**
144	Lexikon der Szenesprache
149	Kontakt & Hilfe
155	Buchempfehlungen

Wir

Ulla und Lina. Ein Team. Aber nicht nur das. Wir sind Mutter und Tochter. Vor ein paar Jahren haben wir uns schon einmal zusammengesetzt, um unsere Geschichte aufzuschreiben – die Geschichte von Lina und ihrer Entscheidung, in die Partyszene abzutauchen und jede Menge Drogen zu konsumieren; und die Geschichte der Höhen und Tiefen, durch die wir als Familie dabei gegangen sind. *Lieber high als stinknormal?* heißt das Buch, das damals entstanden ist. Es ist ein Buch für Jugendliche. Seit es erschienen ist, sind wir weit herumgekommen und haben an vielen, vielen Schulen, in Drogenberatungsstellen, Stadtbüchereien, Gemeindesälen und Stadthallen landauf, landab Vorträge gehalten. Und immer wieder sind Eltern und Lehrer auf uns zugekommen und haben gefragt, warum wir nicht ein zweites Buch schreiben. Ein Buch für sie als Erwachsene. Eines für die, die tagtäglich mit Jugendlichen zu tun haben und sich von dem ganzen Thema Sucht und Drogen überfordert fühlen. Und so haben wir uns ein zweites Mal zusammengesetzt. Das Ergebnis ist das Buch, das Sie hier in Händen halten. Schon bei *Lieber high als stinknormal?* waren Interviews die Basis unserer Zusammenarbeit. Lina war damals in einer (relativ) cleanen Phase, aber es wäre kaum für sie möglich gewesen, ihre Erlebnisse und Erfahrungen selbst aufzuschreiben. Und so verbrachten wir damals viele Stunden in einem Frankfurter Café und zeichneten auf Tonband auf, was Lina erzählte. Ich, Ulla, hörte damals nur zu. (Was sich sehr viel leichter anhört, als es in Wirklichkeit war.) Und wenn ich alles aufgeschrieben hatte, gingen wir regelrecht in den Clinch miteinander.

»Das habe ich so nicht gesagt! Du hast mal wieder gar nix gepeilt!«
Bei unserer ersten Sitzung war Lina völlig aus dem Häuschen, bis sie begriff, dass man an Texten so lange feilen kann, bis sie genau

so dastehen, wie man es will. Danach verstanden wir uns. In dieser Phase wurden wir zum Team.

Im Prinzip sind wir unserer Arbeitsweise auch bei diesem Buch treu geblieben, nur ist es diesmal nicht Lina, die ihre Geschichte erzählt, auch wenn das Persönliche hier ebenfalls einen wichtigen Stellenwert für uns hat. Diesmal wollten wir über den Tellerrand unseres eigenen Erlebens hinausschauen und eine möglichst breit gefächerte Palette anderer Erfahrungen mit einbeziehen. Und so haben wir uns beide mit einem Aufzeichnungsgerät auf Tour begeben und unzähligen Leuten zugehört, die hautnah mit dem Thema Drogen und Sucht zu tun haben. Da wir beide Seiten hören wollten, ging Lina zu den Jugendlichen und ich zu den Erwachsenen.

Ich, das heißt in diesem Buch: Ulla. Denn zum einen wenden wir uns diesmal an Erwachsene, sodass der Schwerpunkt in den autobiographischen Schilderungen auf meiner Perspektive – sprich: der Eltern-Sicht – liegt. Und zum anderen bin ich diejenige, die die von uns beiden zusammengetragenen Materialien in Texte umgesetzt hat. Dennoch haben wir auch diesmal so lange gemeinsam an jedem einzelnen Satz gefeilt, bis wir uns beide mit dem Ergebnis identifizieren konnten.

Eines sei klargestellt: Auch wenn Interviews und autobiographische Schilderungen einen wichtigen Teil in unserem Buch einnehmen, ist dies hier keine weinerliche Betroffenheitsgeschichte nach dem Motto »Mutter rettet Tochter aus dem Drogensumpf«. Wenn einer den Drogenkonsumenten retten kann, dann er selbst und niemand sonst. So hat Lina trotz unserer intensiven Begegnung durch die Arbeit an unserem ersten Buch noch Jahre gebraucht, um aus eigenem Willen und aus eigener Kraft den Absprung aus dem Drogenkonsum wirklich zu schaffen. Nur für sich selbst ist sie clean geworden, nicht für mich. Und nur deswegen hat ihr Ausstieg jetzt Bestand.

Den persönlichen Bezug halten wir aber dennoch für bedeutsam, weil er uns den Einstieg in eine möglichst praxisnahe, informative Darstellung des Themas Sucht und Drogen ermöglicht. Erwachsene, die mit Jugendlichen zu tun haben, müssen immer ein Ohr an der Schiene der Zeit haben. Sie müssen wissen, was abgeht. Sie müssen lernen. Und am Beispiel lernt es sich noch immer am besten.

Lieber high als stinknormal? fängt mit folgenden Worten an:

> Dass wir dieses Buch überhaupt zusammen geschrieben haben, ist ein Wunder. Es gab eine Zeit, da hätten wir es nicht für möglich gehalten, je wieder auch nur ein einziges Wort miteinander zu reden. Da war jede von uns in einer völlig anderen Welt und dazwischen lag ein Meer von Wut und Hass, von Lügen und Heuchelei, von Drogen, Drogen, Drogen.

Inzwischen staunen wir nicht mehr täglich über dieses Wunder. Doch ein Wunder ist es immer noch. Was sich geändert hat? Heute schleichen wir nicht mehr auf Samtpfoten umeinander herum. Wir haben, was vielleicht das Allerwichtigste ist, das gegenseitige Vertrauen wiedergefunden. Unsere Begegnungen finden heute nicht mehr im Ausnahmezustand, sondern im Alltag statt. Ulla und Lina. Mutter und Tochter. Und außerdem: ein Team.

Ulla und Lina Rhan

»Ich hätte auch gern mit meiner Tochter angegeben ...«

Klassentreffen. Die meisten der Leute hier habe ich seit gut 20 Jahren nicht gesehen, und es ist, wie es auf Klassentreffen eben so ist. Alle scheinen nur eines im Sinn zu haben: den anderen zu zeigen, was aus ihnen geworden ist. Nachdem das übliche Weißt-du-noch-damals und der Tratsch über unsere alten Lehrer ausgetauscht sind, tischen wir uns gegenseitig Geschichten über unsere beruflichen Höhenflüge auf. Wenn man den mit leuchtenden Augen vorgetragenen Schilderungen zuhört, könnte man meinen, in der verräucherten Nebenstube des Wicküler am Bahnhofsplatz hätte sich ein repräsentativer Querschnitt der bundesdeutschen Crème de la Crème versammelt.

Wir sind ganz berauscht von all den vielen Erfolgsmeldungen aus unseren eigenen Reihen (und dem einen oder anderen Glas Bier oder Wein), als auf einmal das Thema im Raum steht, das ich so gern vermieden hätte: Die Familie und vor allem: der Nachwuchs. Schlagartig werde ich leise. Meine Stimmung ist wie ausgelöscht. Während sich meine ehemaligen Mitschüler mit den Einser-Notendurchschnitten, musischen Begabungen und sportlichen Höchstleistungen ihrer Wunderkinder brüsten, würde ich am liebsten wie ein Chamäleon die Farbe des Hintergrunds annehmen, um bloß ja nicht angesprochen zu werden. Aber irgendwann kommt sie doch, die Frage: »Und ihr, Ulla. Ihr habt doch auch zwei Töchter?« Alle Augen richten sich gespannt auf mich.

»Ja«, antworte ich und der Kloß in meinem Hals ist so dick, dass es mir schwerfällt, weiterzureden. »Und?« Meine ehemalige Banknachbarin strahlt mich erwartungsvoll an.

»Tja«, seufze ich. »Was soll ich sagen ...« Lügen? Die Wahrheit sagen? Ich fasse meinen ganzen Mut zusammen. »Unsere Lina ist 14, und sie ist auf Drogen. Ungefähr vor einem Jahr fing es an. Wir haben alles probiert, aber sie ist uns total entglitten. Wir haben keinen Einfluss mehr auf sie. Innerhalb von ein paar Wochen ist sie völlig abgestürzt. In diesem einen Jahr ist sie überall rausgeflogen – erst aus dem Gymnasium, dann aus zig anderen Schulen. Sie hat eine totale Null-Bock-Einstellung.«

Kaum habe ich es gesagt, stecke ich schon wieder in diesem zähen Brei aus Angst und Wut und Selbstvorwürfen, der mich beim kleinsten Gedanken an meine Tochter verschlingt. Hätte ich sie nicht wenigstens an diesem einen Abend aus meinem Hirn, aus meinem Herzen verbannen können? Muss sich denn immer alles um sie drehen?! Gerhard und ich haben doch noch eine andere Tochter. Warum habe ich nicht einfach von Eva erzählt. Unserer tollen, unkomplizierten, immer liebenswerten, unübertrefflichen Eva?!

Doch es ist, als hätten meine Worte in mir eine Schleuse geöffnet. Jetzt, wo ich einmal zu reden angefangen habe, muss ich Linas ganze Geschichte loswerden. Ich kann irgendwie nicht anders. Und so schiebe ich alle Selbstzweifel beiseite, hole tief Luft und erzähle weiter.

»Tagelang kam Lina nicht nach Hause, und wir wussten nicht, wo sie war. Dauernd rief die Polizei an, weil sie wieder irgendwo bei einem Diebstahl erwischt worden war. Dann kam eine räuberische Erpressung dazu, und das Jugendamt hat sie in einem geschlossenen Heim untergebracht. Jetzt ist sie in Gauting in der Nähe von München. Sie da einweisen zu lassen, war die einzige Möglichkeit, die uns allen noch einfiel, um sie in geregelte Bahnen zu lenken und sie dazu zu kriegen, einen Schulabschluss zu machen. Bis gestern Abend habe ich gedacht, dass es klappen könnte. Dann kam der Anruf von der Heimleitung: Ihre Wohngruppe hat einen Ausflug in den Englischen Garten gemacht, und Lina hat die Gelegenheit genutzt, um sich in die Büsche zu schlagen. Jetzt weiß ich wieder nicht, wo sie ist.«

Betretenes Schweigen. Es ist so still im Raum. Man könnte eine Stecknadel fallen hören.

Das habe ich nicht gewollt, denke ich und ärgere mich, den anderen die Stimmung kaputt gemacht zu haben. Eigentlich hätte ich ja auch gern mit meinem Kind angegeben. Warum hab ich's nicht getan? Ich hätte den Leuten doch bloß irgendeine Geschichte aufzutischen brauchen. Oder einfach **von Eva erzählen ! ! !**

»Ich kann mir vorstellen, was du da im Augenblick durchmachst«, kommt es auf einmal von Elke, die eben noch vom Einser-Abitur ihres Ältesten geschwärmt hatte. »Meine Jüngste ist magersüchtig. Sie wiegt nur noch 39 Kilo. Bei 1,70 m Körpergröße. Momentan ist sie gerade mal wieder in der Klinik. Ich kann machen, was ich will – ich komme einfach nicht an sie ran. Es fühlt sich so an, als hätte sie sich hinter einer Wand aus Eis verschanzt.«

Kaum hat Elke von den Problemen mit ihrer Tochter berichtet, meldet sich Hiltrud zu Wort. Sie hatte eigentlich gar keine Kinder haben wollen – bis sie vor zwei Jahren einen »Pillenunfall« hatte. Resultat: Zwillinge. Die es noch dazu eilig hatten, auf die Welt zu kommen: In der 34. Schwangerschaftswoche drängten sie ans Licht. Und mit ihnen brachen all die vielen Komplikationen des Frühchen-Eltern-Daseins über Hiltrud und ihren Mann herein.

Und auf einmal reden alle durcheinander. Das Eis ist gebrochen und einer nach dem anderen legt die strahlende Maske des Ach-wie-bin-ich-toll-Geschwätzes ab. Jeder von uns hat irgendetwas zu erzählen, das nicht so gut gelaufen ist. Götter gibt es eben keine unter uns. Wir sind doch alle menschlich.

Es wird eine lange Nacht. Um halb zwei fängt die Wirtin im Wicküler an, die Stühle an den Nebentischen hochzustellen. Langsam wird es Zeit zu gehen. Es fällt uns schwer, Abschied zu nehmen. Es ist so viel Nähe zwischen uns, wir verstehen uns so gut, fühlen uns so verstanden.

Draußen vor der Tür werden die letzten Visitenkarten ausgetauscht. Und die üblichen Versprechen, sich künftig nicht mehr aus den Augen zu verlieren. Das Merkwürdige an der Sache: Die drei Frauen, die zu Schulzeiten meine besten Freundinnen waren, haben sich tatsächlich gemeldet. Inzwischen treffen wir uns gelegentlich in dieser Vierer-Runde. Und wenn eine von uns jemanden zum Reden braucht, findet sie in diesem Kreis immer ein offenes Ohr.

Rückblende: Wie alles begann

Das will doch jede(r) ...

... gut dastehen vor den anderen.

Oder?

Und dann das:
Am frühen Nachmittag – ich sitze gerade vor dem PC und brüte über einer schwierigen Textpassage – klingelt das Telefon. Noras Mutter ist am Apparat. Frau Borchert. Nora ist Linas beste Freundin und geht mit ihr in eine Klasse. Die beiden sind vom ersten gemeinsamen Schultag an unzertrennlich gewesen. Frau Borchert sagt, sie müsse mal mit mir über Lina reden. Sie würde sie in letzter Zeit gar nicht mehr wiedererkennen. Und dann erzählt sie mir, meine Tochter hätte der ihren aus heiterem Himmel die Freundschaft gekündigt. Gnadenlos habe sie sie mit der neuen Clique, mit der sie sich in letzter Zeit herumtreibe, fertiggemacht. Nora traue sich seither kaum noch in die Schule und sie verstehe die Welt nicht mehr, wo doch Lina immer ihre allerbeste Freundin gewesen sei und sie alles, aber auch wirklich alles, zusammen gemacht hätten. Zu einer Party hätte ihr Lina eine Einladungskarte mit den Worten geschrieben: »Komm ruhig vorbei. Wir haben noch einen schönen Platz in der Mülltonne für dich!«

Ich bin sprachlos. Was ist denn in Frau Borchert gefahren? denke ich. So etwas würde Lina doch nie tun. Warum erzählt sie mir so einen Mist?!

Drei Tage später. Die Mutter einer anderen Mitschülerin beklagt sich am Telefon, Lina hätte ihrer Tochter den Rucksack geklaut. Lina steht neben mir. Ich stelle sie zur Rede. Sie ist so geschockt über diese Anschuldigung, dass sie kreidebleich wird. Damit habe sie garantiert nichts zu tun!»Sie müssen sich irren«, sage ich zu der Frau.»Meine Tochter hat das nicht getan. Ich würde meine Hand für sie ins Feuer legen!«

Und schon wieder eine Vorladung in die Schule. Mal wieder geht es um Frau Franz, eine Lehrerin, mit der ich selbst meine Schwierigkeiten habe. Zusammengekniffene Lippen sind ihr Markenzeichen, und ich habe den Eindruck, dass sie ihre Schüler hasst. Diesmal hat Lina ihr einen üblen Streich gespielt. Frau Franz hatte ihr nicht erlaubt, während des Unterrichts zur Toilette zu gehen. Die Lehrerin ist in der ganzen Schule als vehemente Gegnerin des »WC-Tourismus« bekannt, und jeder weiß, dass sie selbst in dringenden Fällen keine Ausnahme macht. Lina hatte also mit dem Nein gerechnet und war bestens präpariert: Sie zog heimlich einen triefend nassen Schwamm aus dem Fach unter ihrem Tisch heraus und drückte ihn aus, sodass die mit Kreide gelb eingefärbte Brühe auf den Boden tropfte. Erst als sich dort ein kleiner See gebildet hatte, gab sie sich zufrieden. Dann legte sie in einer schauspielerischen Glanzleistung einen hysterischen Anfall hin. Sie habe einfach nicht länger einhalten können und Frau Franz sei schuld an ihrer Misere. Völlig überfordert mit dieser Situation stürmte die entsetzte Lehrerin aus dem Klassenzimmer.
Hätte Lina den Mund gehalten, wäre es dabei geblieben. Tat sie aber nicht. Sie prahlte auf dem Schulhof so lautstark mit der Geschichte, dass einer der aufsichtführenden Lehrer das Ganze mitbekam. Und so saß ich wieder einmal wie eine Büßerin in der Besprechungszelle neben dem Lehrerzimmer. Verdammt. Lina! Warum tust du mir das an? (Und doch: Ehrlich gesagt, bin ich auf

ihrer Seite. Der Ausdruck von der klammheimlichen Freude fällt mir ein.)

Am Wochenende haben wir Freunde zum Brunchen eingeladen. Wir sitzen noch immer gemütlich am Essplatz in der Küche, als Lina gegen 14.00 Uhr völlig verpennt zur Tür hereinkommt. Wortlos und ohne uns eines Blickes zu würdigen, schaut sie in den Kühlschrank.
»Hey, Lina, wir sind auch noch da«, sage ich. »Könntest du nicht mal guten Morgen sagen?«
»Oh, Mann!«, motzt Lina mit einer Aggressivität, die uns alle vom Hocker haut. »Lass mich doch einfach mal in Ruhe! Ich hab jetzt keinen Bock auf dein Scheißgelaber. Kann man sich hier nicht mal in Ruhe ein Brot schmieren!?«

Mittwochs gegen 11.00 Uhr vormittags kommt ein Anruf von der Polizei. Lina ist bei einem Ladendiebstahl erwischt worden. Wir sollen bitte vorbeikommen, um sie abzuholen. Unsere Lina?! Ladendiebstahl? Um elf Uhr? Sie müsste doch eigentlich in der Schule sein?!

Lina darf nicht mit auf die geplante Klassenfahrt nach Frankreich. Nach der Franz-Affäre und diversen anderen Verstößen gegen die Regeln des guten Tons hat sich das Lehrerkollegium mehrheitlich gegen Linas Teilnahme ausgesprochen. Im Ausland, so die Begründung, träten die Schüler schließlich als Botschafter unseres Landes auf, und eine wie Lina könne man einer Gastfamilie schlichtweg nicht zumuten. »Wer wie Ihre Tochter bereits im Vorfeld Zweifel an seiner Fähigkeit zum guten Benehmen aufkommen ließ, wird in dieser Hinsicht zu einem untragbaren Risikofaktor.« Ich meine, Lina grinsen zu sehen, als ich ihr den Brief vorlese. Es blitzt fast so etwas wie Stolz über diese Glanzleistung aus ihren Augen. Doch als sie erfährt, dass sie die Zeit in der Parallelklasse absitzen muss und nicht schulfrei hat, fängt sie an zu maulen. Eine Sauerei sei das. Eine ganz große Sauerei! Und nur weil die alte Franz sie auf dem Kieker habe.

Natürlich bin ich irgendwie sauer auf das Kind. Andererseits aber tut sie mir auch leid. Wir waren doch alle mal jung und auch wir haben den Lehrern Streiche gespielt. Ob diese Strafe nicht etwas überzogen ist?

Eine Woche vor Beginn der Sommerferien klaut Lina das Klassenbuch, um auf diese Weise ihr Schwänzen zu vertuschen. Der Verdacht fällt sofort auf sie. Wer sonst wäre zu so einer Tat fähig? Etwa zur gleichen Zeit fehlt wieder ein Rucksack. Er ist aus der Mädchenumkleidekabine in der Sporthalle verschwunden. Mehrere Schüler wollen die Täterin gesehen haben. Ihre Beschreibung passt auf ... Lina.

Der Direktor bestellt meinen Mann und mich noch vor den Ferien zu sich ins Büro. Er macht es dringend und besteht darauf, dass wir beide kommen. »Lina ist für diese Schule nicht mehr tragbar«, eröffnet er uns. Und er stellt uns vor die Wahl: Entweder wir nehmen sie freiwillig vom Gymnasium oder er leitet ein Schulausschlussverfahren ein. Wir sind wie vom Donner gerührt. Und doch denke ich: Vielleicht ist's besser so. Dauernd diese Probleme. Auf einer anderen Schule wird sie sich bestimmt viel wohler fühlen. Und dann wird alles wieder gut ...

Wir suchen gemeinsam mit Lina ihre ganz persönliche Ideal- und Wunsch-Schule. Und wir finden sie – eine Gesamtschule. Tolle Empfangshalle, alles topmodern. (Die völlig maroden Klassenzimmer enthält man uns bei der Besichtigung vor.) Linas Episode dort währt ganze fünf Wochen. Dann teilt uns der Schulleiter mit, dass sie die Probezeit leider nicht bestanden habe.

Inzwischen habe ich kapiert, was mit Lina ist: Ich weiß, dass sie Drogen nimmt. Weiß, dass sie kifft. Und wer weiß, was sie sonst noch alles nimmt. Die Erkenntnis kommt mir, als ich sie eines Tages völlig zugedröhnt auf dem Sofa sitzen sehe. Erst in diesem Augenblick lasse ich den Gedanken zu, dass in all den vielen Klagen, die es in der letzten Zeit gegen Lina gehagelt hatte, doch mehr als ein Körnchen Wahrheit steckte. Mir wird klar, wie sehr ich den Kontakt zu ihr verloren habe und wie wenig ich von ihr weiß.

Und dann geht alles Schlag auf Schlag:

Erst auf die Realschule.
2 Wochen.
Dann auf die Hauptschule.
3 Tage.
Und dann?

Gar keine Schule mehr.

Wir bringen Lina unter Zwang zur Drogenberatungsstelle. Als wir im Beratungszimmer sitzen, entschuldigt sie sich. Sie müsse mal zur Toilette. Wir warten und warten. Und merken schließlich, dass sie den unbeobachteten Moment ganz gezielt genutzt hat, um durch das Klofenster zu klettern und abzuhauen. Damit ist die Sitzung beendet. Auf dem Heimweg herrscht Stille zwischen Gerhard und mir. Es fällt uns schlichtweg nichts ein, was wir noch sagen könnten. Wir sind wie hohl. An diesem Abend kommt Lina nicht nach Hause. Am nächsten auch nicht. Zwei Wochen lang fehlt jedes Lebenszeichen von ihr.

Dann wieder ein Anruf der Polizei: Lina soll ein Mädchen in eine Toreinfahrt gelockt, sie mit dem Messer bedroht und ihr ihr ganzes Geld abgenommen haben. Räuberische Erpressung nennt man das in der Sprache der Justiz. Das Opfer hat sie anhand des Fotos erkannt, das wir der Polizei bei der Vermisstenanzeige zu Fahndungszwecken überlassen haben.

Das Jugendamt, das wir seit geraumer Zeit eingeschaltet haben, sieht nur eine Lösung: Unterbringung in einem geschlossenen Heim. Denn offene Einrichtungen nehmen nur Jugendliche, die freiwillig kommen. Und freiwillig – freiwillig macht Lina gar nichts.

Als Lina also von einem ihrer tagelangen Streifzüge wie immer nur zum Duschen, Schlafen und Essen nach Hause kommt, nehmen wir sie auf Anweisung des Jugendamts in Hausarrest. Um es genauer zu sagen: Während sie schläft, sperren wir sie in ihrem Zimmer ein.

Ich sitze in meinem Arbeitszimmer, als ich auf einmal dieses irre laute Geräusch höre – **Rums! Rums! Rums!** Das ganze Haus zittert. Es ist Lina. Offenbar ist sie aufgewacht und jetzt macht sie sich an der Tür zu schaffen. Es dauert keine zwei Minuten, bis sie sie mitsamt Rahmen aus der Verankerung getreten hat. Wie eine Furie steht sie vor mir. »**Ich hasse dich!**«, brüllt sie mich mit wutverzerrtem Gesicht an. Ihre Stimme ist die einer Wahnsinnigen. Dann stürmt sie laut fluchend aus dem Haus. »Ihr könnt mich alle mal am Arsch lecken, ihr Penner! Mich seht ihr nie wieder!«, schreit sie und rennt dabei fast einen Nachbarn um, der zufällig auf dem Bürgersteig steht. Und ich sehe, wie in einem Haus auf der gegenüberliegenden Straßenseite diskret ein Vorhang zur Seite gezogen wird. Ist doch immer wieder spannend, wenn sich ein Krimi vor der Haustür abspielt. Jetzt wissen alle, was bei uns los ist. Jetzt brauche ich endgültig nicht mehr zu überlegen, was ich wem erzähle. Und mit einer gewissen Erleichterung denke ich: Ist dein Ruf erst ruiniert, lebst du völlig ungeniert ...

Nebelmaschine

Drogen sind wie eine Nebelmaschine. Sie verschleiern nicht nur dem, der sie missbraucht, den Sinn für die Realität, sondern tauchen auch sein komplettes Umfeld in eine milchige, undurchsichtige Suppe aus Bangen und Hoffen, Krisen und Katastrophen, Peinlichkeiten, Enttäuschungen und Schuldgefühlen, immer wieder Schuldgefühlen. Je mehr wir versuchen, die durch Sucht entstehenden Probleme zu verheimlichen, desto dichter wird der Nebel. Je angestrengter wir uns bemühen, nach außen hin die heile Familienidylle aufrechtzuerhalten, desto weniger blicken wir am Ende noch durch.

Und wie es so ist in solch trüben Zeiten – am Ende ziehen wir uns in das Schneckenhaus unserer eigenen vier Wände zurück und reden mit niemandem mehr über das Thema, weil uns sowieso keiner versteht. Vielleicht auch, weil wir uns klein fühlen und unzulänglich und ohnmächtig. Denn wir glauben, alle anderen hätten das Leben – und ihre Kinder – besser im Griff als wir.

Der einzige Reiz, der uns durch die Nebelschwaden hindurch erreicht, sind die ständigen Knalleffekte, die der süchtige Jugendliche in immer kürzeren Abständen produziert. Wir starren nur noch auf ihn. Er wird zum alleinigen Mittelpunkt unserer Existenz. In ständiger Hab-Acht-Stellung warten wir auf den nächsten Eklat. Wenn das Telefon klingelt, zucken wir zusammen. Welche Hiobsbotschaft uns jetzt wohl wieder ereilt?

Wir sehnen uns nach Ruhe, wollen einfach nur einen Moment lang abschalten. Aber unsere Ruhe wird ständig gestört. Je kräftiger der Süchtige an der Nebelmaschine kurbelt, desto mehr verschleiert sich unsere Perspektive. Nicht sein süchtiges Verhalten wird als Kern der Problematik erlebt, sondern die Außenwelt mit ihren Regeln und ihrer Kleinlichkeit und ihrem mangelnden Verständnis. Die bösen Lehrer. Die bösen Dealer. Die bösen Polizisten.

Wir sehen den drogenkonsumierenden Jugendlichen als Opfer (das er in mancherlei Hinsicht auch wirklich ist). Er ist schließlich unser Kind. Vor seinem eigenen Anteil an der Misere drücken wir die Augen zu. Je unverantwortlicher sein Verhalten, desto mehr wird unser Beschützerinstinkt geweckt. Er kann nicht selbst auf sich aufpassen. Er weiß nicht, was er tut. Also tue ich es für ihn. Und wenn er wieder mal das Geld für die Monatskarte verloren hat, dann geb ich ihm halt Neues. Beim nächsten Mal wird er besser aufpassen. Versprochen. Und er strahlt mich an.

Der Nebel wird immer dichter, und schließlich wird er zur Wand. Bis ich irgendwann endlich merke:

Nicht der Druffie* sitzt im **Knast**.
Ich bin es.
Und

ich

will

hier

raus!!!

---

* Begriffserklärungen finden Sie im Lexikon (siehe Info-Teil)

Zeit, die Augen aufzumachen

Die einen glauben, das Thema Sucht und Drogen betrifft sie nicht.

Die anderen wiederum glauben, das Thema Sucht und Drogen betrifft nur sie: Es käme nur in ihrem speziellen Umfeld vor – in ihrer sozialen Schicht, in ihrem sozialen Brennpunkt. Und neidvoll schauen sie auf die »Inseln der Seligen«, auf denen es keine Probleme gibt und die Welt noch in Ordnung ist.

In **Wirklichkeit** aber

betrifft das Thema

Sucht und Drogen

auf die eine oder andere Weise

jeden Einzelnen von uns.

Sucht: Überall und nirgends

Ein prominenter Musiker als Konsument von Freebase[*] entlarvt? Ein Künstler bei einer Kokain-Orgie mit Mädels aus dem horizontalen Gewerbe erwischt? Ein Beinahe-Bundestrainer gerade beim Drogentest aufgeflogen? Eine Tennisspielerin der Spitzenklasse ebenso?

Ein gefundenes Fressen für die Medien! Längst nicht nur die Sensationspresse bedient mit solchen Schlagzeilen unsere Vorliebe für Geschichten aus dem zwielichtigen Milieu. Wohlige Schauer des Gruselns laufen uns Normalbürgern den Rücken hinab, solange wir selbst von dem Thema nicht unmittelbar betroffen sind. Je prominenter der »Übeltäter«, desto weiter ist er weg von uns. Wir leben schließlich in unserer kleinen braven Welt – in der alles **ganz, gaaanz anders** ist.

Hier in unserem Leben fühlen wir uns sicher. Hier kann uns keiner was. Exzesse? Kommen hier nicht vor! Wir müssen es wissen. Wir leben schließlich hier. Und kennen das tagtägliche Einerlei. Nein.

---

[*] Begriffserklärungen finden Sie im Lexikon (siehe Info-Teil)

Drogenprobleme, die haben immer die anderen: die Schönen und die Reichen am oberen Ende der sozialen Leiter und die »Problem-Kids« in den sozialen Brennpunkten am unteren Ende. Wenn *die* Drogen nehmen oder sich zusaufen, ist das kein Wunder. Um die kümmert sich keiner, die haben keine Perspektiven im Leben, die sind doch schon auf dem Abstellgleis geboren. Die braucht gar keiner mehr da draufzuschieben.

So denken wir, die wir die »gesellschaftliche Mitte« bevölkern. Und irgendwo, tief in uns drinnen, rührt sich das Stimmchen der Selbstzufriedenheit. Endlich sitzen wir einmal auf dem richtigen Dampfer! Diesmal haben wir es gut gemacht.

Das Dumme ist bloß:

Sucht fragt nicht nach »richtig« oder »falsch«.

Sucht kennt kein »oben« und kein »unten«.

Und machen können **wir** wenig.

Wenn einer macht, dann ist es **der Jugendliche**.

Und der macht meist nicht, was wir wollen.

Wir haben es nicht in der Hand.

Sucht ist ein Phänomen, das sich durch alle Gesellschaftsschichten zieht. Natürlich gibt es Faktoren, die ein Abgleiten in die Sucht erschweren oder fördern können. (Siehe hierzu Kapitel 08 – »Alles, was stark macht«). Doch einen ultimativen, unzerstörbaren Schutz dagegen gibt es nicht.

Drogen werden **überall** konsumiert, nicht nur in verelendeten Großstadtghettos und in der Jetset-Schickeria. Auch in der behüteten Welt von Otto Normalverbraucher, im Reihenhaus von Lisa Müller, in der Dreizimmerwohnung von Theo Mustermann. Ob Großstadt, Kleinstadt oder Dorf: Es gibt keinen Ort, an dem sie nicht zu haben wären. **Nirgends** wird nicht konsumiert.

Laut Drogenbericht 2008 hat über ein Viertel der Jugendlichen schon einmal gekifft. So viele Jugendliche haben am Rand der Gesellschaft gar keinen Platz! Ein paar von ihnen müssen offenbar mitten unter uns leben ...

Die Räucherstäbchen-Legende

» Als ich das Tütchen mit dem weißen Pulver auf Astrids Schreibtisch liegen sah, kam mir das schon komisch vor. Aber obwohl mein Bauch mir etwas anderes sagte, habe ich Astrid ihre Erklärung abgekauft: ‚Ich weiß gar nicht, was du hast, Mama. Du immer mit deiner Paranoia. Das ist doch bloß Backpulver!' ‚Backpulver?', bohrte ich nach. ‚Backpulver? Und warum ist das in so einem Plastiktütchen?' ‚Also echt, Mama! Was du immer hast!' Dabei stöhnte sie total genervt, um mir zu zeigen, dass ich blöde Alte mal wieder gar nichts raffte. Dann kriegte sie diese obergeduldige, erwachsene Stimme und redete zu mir wie mit einem kleinen Kind: ‚Also, ganz einfach. Wir hatten doch Projektwoche, und da haben wir Kuchen gebacken. Und ich hatte vergessen, Backpulver mitzubringen. Und da hat die Carolin mir was von ihrem abgegeben. Ist doch wohl klar, dass die keine zwei Päckchen dabeihat, oder? Und da haben wir halt was abgefüllt. Du weißt doch, wie die Frau Kronen ist. Die hätte mir doch gleich wieder Stress gemacht. Bloß weil ich ein einziges Mal irgendwas nicht dabeihabe.' Damals leuchtete mir die Erklärung ein. Heute würde ich zumindest in Erwägung ziehen, dass in dem Tütchen Speed oder Kokain sein könnte. «

Anna P., Mutter von Astrid (heute 26), die mit 15
ins Partymilieu abgerutscht ist

Naiv? Nicht naiver, als ich selbst damals war. Oder war ich noch naiver? Als Studentin hatte ich eine »indische Phase«, und als mir aus Linas Zimmer so ein komischer, süßlicher Geruch entgegenströmte, zweifelte ich nicht einen Augenblick an ihrer Erklärung: »Räucherstäbchen, Mama. Das sind bloß Räucherstäbchen.« Ich hatte einfach keine Ahnung, wie Cannabis riecht, und hätte mir nie vorstellen können, dass das Zimmer meiner Tochter eine Kifferhöhle sein könnte. Oder wollte ich es mir nicht vorstellen?

Wo wir gerade beim Thema Naivität sind. Neulich kam nach einem unserer Vorträge eine Frau aus dem Publikum auf Lina und mich zu und berichtete uns freudestrahlend von einem »neuen Brauch«, der sich in der Clique ihrer Tochter etabliert hat: Die jungen Leute treffen sich am Wochenende, um Shisha zu rauchen. Shishas sind die orientalischen Wasserpfeifen, die sich bei Jugendlichen zurzeit einer wachsenden Beliebtheit erfreuen.

»Endlich mal was Harmloses!«, freute sich die Frau.

»Harmlos?!«, fragten wir nach.

»Ja, völlig harmlos«, kam es zurück. »Das ist nur Apfel oder Kirsche, was die da rauchen. Alles nur Frucht.«

»Ach! Und das brennt?« Ich guckte Lina fragend an und sie schüttelte den Kopf.

»Hmmm ... Keine Ahnung«, antwortete die Frau.

Mag sein, dass der Rauch der Shisha fruchtig schmeckt. Das kommt von den Aromen. Aber die Basis ist Tabak. Und so kommt es, dass so mancher jugendliche Nichtraucher über die angenehm milde Blume auf den Geschmack einer Droge mit einem der heftigsten Suchtpotenziale kommt: **Nikotin**.

Aufwachen!

Klar, das Leben ist bequem auf den Inseln der Seligen. Doch solange wir es wie die drei Affen halten, die nichts hören, nichts sehen und nichts sagen wollen, bleibt uns der Zugang zu den Jugendlichen – zumal den aufbegehrenden, eigenwilligen – verschlossen. Sie verlieren den Respekt vor uns, wenn sie uns für dumm verkaufen können.

Irgendwie beschleicht sie ein merkwürdiges Gefühl, als hätten sie eine Tarnkappe auf, sodass Erwachsene sie nicht sehen können. Ein ziemlich blödes Gefühl! Sie provozieren uns, um ihren Eindruck zu testen.

> Kann doch gar nicht sein, dass der nicht reagiert!
> Dass der nichts sagt!
> Sieht der mich denn wirklich nicht?
> Merkt die denn nicht, was ich tue?

Wenn wir naiv bleiben und uns weiter schlafend stellen, bestätigen wir sie in ihrem Gefühl. Wir sehen die Jugendlichen nicht. Wir haben kein Gespür für sie. Wie sonst könnten wir ihre offensichtlichen Provokationen stillschweigend hinnehmen? Warum entlocken uns ihre Nadelstiche keinen Schrei?

Wie würden **Sie** sich fühlen,
wenn keiner Sie sieht

?

Die Kenner der Lage

Drogen sind Fakt in unserer Gesellschaft. So wie Alkohol und Nikotin jederzeit verfügbar sind, sind auch illegale Drogen immer und überall zu haben. Der einzige Unterschied: Da der Handel verboten ist, findet er im Verborgenen statt – oder besser: auf einer Ebene, die für die meisten von uns erwachsenen »Normalos« im Verborgenen liegt. Im Umfeld von Jugendlichen wird kein solches Geheimnis daraus gemacht. Was wo zu kriegen ist, pfeifen hier die Spatzen von den Dächern. Mit dieser permanenten Versuchung umgehen zu lernen, ist zu einer der größten Herausforderungen des Jugendalters geworden.

Normalerweise sind wir Erwachsenen diejenigen, die auf den größeren Wissens- und Erfahrungsschatz zugreifen können. Aber in diesem einen Thema sind uns Jugendliche weit voraus. Hier sind sie die Kenner der Lage und wir das unbeschriebene Blatt. Den Vorsprung wettzumachen, wird uns kaum gelingen. Aber ein gewisses Basiswissen müssen wir Erwachsenen haben. Wir müssen lernen, die Situation und Gefahrenpotenziale wenigstens annähernd realistisch einzuschätzen und uns von irrationalen Vorstellungen – und auch Ängsten – zu lösen. Nur wenn wir einigermaßen informiert sind, haben wir eine Chance, von der jungen Generation ernst genommen zu werden.

Im nächsten Kapitel erfahren Sie, wie Süchte entstehen, und im übernächsten Kapitel geben wir Ihnen einen kleinen Eindruck davon, welche Substanzen zurzeit kursieren.

Süchtig, süchtig, trallala

Schokolade essen ○ Tiefseetauchen ○ Straßenköter retten ○ Segelfliegen ○ Kaffee trinken ○ klassische Musik hören ○ Fernreisen unternehmen ○ sich neu einkleiden ○ Pommes mit Ketchup essen ○ arbeiten ○ Kriminalromane lesen ○ Bier trinken ○ am Lagerfeuer sitzen ○ Hip-Hop hören ○ Fernsehen gucken ○ alte Häuser renovieren ○ putzen ○ mit den Nachbarn prozessieren ○ **Alles, was** Leserbriefe schreiben ○ Haschisch **Spaß macht,** rauchen ○ Skifahren ○ Wortreime **kann süchtig** bilden ○ PC-Rollenspiele spielen **machen.** ○ nichts essen, um immer dünner zu werden ○ Macht ausüben ○ Briefmarken sammeln ○ Partydrogen einwerfen ○ DVDs anschauen ○ Seifenblasen machen ○ mit Freunden rumhängen ○ Kreuzworträtsel lösen ○ Stricken ○ Lokomotiven zählen ○ Zigaretten rauchen ○ zu Techno-Musik abtanzen ○ Schnäppchen machen ○ Sex haben ○ Schuhe kaufen ○ aufräumen ○ reiten ○ Ölbilder malen ○ Dampfmaschinen sammeln ○ Flohmärkte abklappern ○ Geld verdienen ○ an der Börse zocken ○ Tango tanzen ○ sich die Nägel maniküren ○ den Einwurfschlitz von einarmigen Banditen bedienen ○ über Bekannte und Freunde tratschen ○ in der Sonne brutzeln ○ Menschen des anderen oder gleichen Geschlechts anbaggern ○ Geld ausgeben ○ nach dem Essen kotzen, um ganz dünn zu werden ○ Kartenspielen ○ mit Vollgas durch die Innenstadt düsen ○ Drachenfliegen ○ Käthe-Kruse-Puppen sammeln ○ nähen ○ Fenster putzen ○ den Garten auf Vordermann hal-

ten o Daumen lutschen o Löcher in die Luft gucken o nach dem
Seelenheil streben o schlafen o Skateboard fahren o an den Nägeln
kauen o die Nachbarschaft bespitzeln o Müll trennen o Zeitungs-
ausschnitte sammeln o den Clown spielen o Bungee Jumping o
Modellflugzeuge bauen o Marathon laufen o essen, essen, essen o
telefonieren o gute Taten vollbringen o einkaufen o onanieren o
mit den Zähnen knirschen o fotografieren o die Möbel verrücken
o LSD-Trips einwerfen o einen Guru verehren o Schmetterlinge
fangen o Austern schlürfen o zur besseren Gesellschaft gehören o
sich die Augenbrauen zupfen o Pilze sammeln o Kokain sniefen o
sich massieren lassen o Luftschlösser bauen o Schränke aufräumen o alles im Chaos versinken lassen o Drogen dealen o alle
fünf Minuten auf die Uhr gucken
o Andenken sam- meln o Witze
machen o Schäf- chen zählen o
die Familie be- glucken o sich
durch Wutanfälle Luft machen o
im Sportstudio Ei- sen biegen o die
abgeblühten Blüten an den Balkon-

Nicht alles, was Spaß macht, muss süchtig machen.

kästen abzupfen o auf eBay Sachen steigern und versteigern o sich
neue Rezepte zur Verfeinerung von Tütensuppen ausdenken o
die Dinge auf dem Schreibtisch ordnen o Bonsais züchten o Tier-
stimmen imitieren o SMS schreiben und empfangen o Heroin
spritzen o in der Nase bohren o im Internet surfen o den Körper
nach Krankheitszeichen abscannen o dumm daherreden o Famili-
enfeste organisieren o Kuchen backen o mit dem Auto durch die
Waschstraße fahren o Romane lesen o sich Lügengeschichten ausdenken o auf alles schimpfen, was fremd ist o angeln o Spaghetti
essen o schwarzfahren o Roulette spielen o toll aussehen o jedes
Jahr zur gleichen Zeit am selben Ort Urlaub machen o Erdbeereis
mit Schlagsahne essen o Motorrad fahren o Zinnteller sammeln o
Klatsch über Promis lesen o sich Horrorvideos reinziehen

Jedem das Seine!

Wenn von Sucht und Abhängigkeit die Rede ist, denken die meisten sofort an Rauschmittel – sehen den Junkie am Bahnhof, den Penner mit der Schnapsflasche, den Kettenraucher, der sich mit zittrigen Händen die nächste Kippe dreht ... Doch um süchtig zu werden, brauchen wir nicht unbedingt eine Substanz. Alles, was uns auf die eine oder andere Weise ein gutes Gefühl gibt, kann in uns die Lust zur Wiederholung wecken und uns theoretisch in eine Abhängigkeit bringen. (Muss es aber natürlich nicht!)

» Ich brauche meine Ordnung. Es ist einfach beruhigend fürs Auge, wenn nicht alles kreuz und quer herumliegt. Ich weiß, es klingt merkwürdig, aber am schlimmsten finde ich Papierkörbe. Ich will mir doch nicht dauernd diese zerknüllten Zettel angucken müssen. Das kann ich einfach nicht sehen. Da leere ich den Eimer doch lieber aus. Wenn's sein muss, jede Stunde. Da fühle ich mich einfach viel besser. Irgendwie befreit. «

Hanne St., alleinerziehende Mutter, Verkäuferin

» Ich muss immer alles überprüfen, irgendwie vertraue ich meinem Gedächtnis nicht. Habe ich die Haustür abgeschlossen oder nicht? Ob ich wohl den Herd oder die Kaffeemaschine angelassen habe? Habe ich den Autoschlüssel auch wirklich in die Handtasche gesteckt oder liegt er noch im Auto? Lieber noch mal nachsehen! Manchmal gucke ich auch mehrmals. Und wenn ich dann weiß, dass alles in Ordnung ist, bin ich erleichtert. Dann kann ich in Ruhe meine Sachen erledigen, ohne mir dauernd einen Kopf zu machen. Obwohl: Manchmal denke ich mir dann trotzdem noch – habe ich jetzt ... oder habe ich nicht? «

Marlen W., Lehrerin

Abhängigkeiten und Zwänge wie diese brauchen ebenso wenig einen Suchtstoff wie der krankhafte Drang, sich zum Skelett herunterzuhungern oder noch das letzte bisschen Geld (und jede Menge geliehenes) in Spielotheken zu verzocken. Süchte wie diese heißen im Fachjargon **stoffungebundene Süchte**, im Gegensatz zu den **stoffgebundenen Süchten**, die um den Gebrauch einer Substanz kreisen. Wie und wonach wir süchtige Verhaltensweisen entwickeln können, hat viel mit unseren Vorlieben zu tun.

Und welches ist
Ihr
ganz persönliches
Pläsierchen?

Wie wir gesehen haben, gibt es tausenderlei verschiedene süchtige Verhaltensweisen, von denen die einen mehr, die anderen weniger schädlich, die einen mehr, die anderen weniger sozialverträglich sind. Um uns nicht zu verzetteln, konzentrieren wir uns in diesem Buch auf das, worüber wir aus eigenem Erleben berichten können: stoffgebundene Süchte im Umkreis von illegalen Drogen wie Haschisch, Marihuana, LSD, Amphetaminen, Kokain und Ecstasy sowie den legalen Drogen Alkohol und Nikotin.

Was heißt hier süchtig?

» An unserer Schule werden Jugendliche mit geistigen oder motorischen Behinderungen unterrichtet. Viele kommen noch dazu aus schwierigen sozialen Verhältnissen. Dass da Drogen und Alkohol konsumiert werden, lässt sich wohl nicht vermeiden. Ich habe mindestens zwei Süchtige in meiner Klasse. Und ich glaube, es gibt keinen Einzigen, der noch nie etwas probiert hat. «

Silke R., Lehrerin an einer Spezialschule für Jugendliche und junge Erwachsene mit erhöhtem Förderbedarf

Missbrauch, Sucht, Gewöhnung, Abhängigkeit ... Wenn wir uns mit dem Thema Drogen befassen, pfeifen uns solche Worte wie Pfeile um die Ohren. Und oft weiß keiner so recht, was die Begriffe eigentlich genau bedeuten. Wann ist jemand »süchtig«? Sind die jungen Leute, von denen die Lehrerin spricht, wirklich »süchtig«? Ist ein »süchtiger« Jugendlicher tatsächlich in der Lage, regelmäßig morgens auf der Matte zu stehen und einen Unterrichtstag durchzuhalten?

Keine Angst, wir haben nicht die Absicht, Sie zum Suchtexperten auszubilden und werden Sie hier nicht mit theoretischen Abhandlungen bombardieren. Sie sollen bloß wissen, wo die Grenze zwischen lieber Gewohnheit und Sucht überschritten wird. Und dazu schauen wir in den sogenannten »ICD 10«, die internationale Klassifikation von Krankheiten, die als Basis für jede ärztliche Diagnose gilt. (Hieran erkennen Sie, dass Suchtgeschehen von Fachleuten als »Krankheit« eingestuft wird.)

Dieser offiziellen Definition zufolge ist Sucht, wenn drei oder mehrere der folgenden Kriterien innerhalb des vergangenen Jahres aufgetreten sind:

o Ein unstillbares, zwingendes Verlangen nach bestimmten Substanzen oder Verhaltensweisen

- Verminderte Kontrollfähigkeit bezüglich des Beginns, der Beendigung und der Menge des Konsums
- Substanzgebrauch mit dem Ziel, positive Erfahrungen zu machen und Entzugssymptome zu mildern
- Entwicklung einer Toleranz, d.h. die Substanz muss in immer höheren Dosen genommen werden, um die gleiche Wirkung zu erzielen
- Ständiges Beschäftigtsein mit der Beschaffung, Bevorratung und dem Konsum des Suchtmittels
- Vernachlässigung anderer sozialer Kontakte und persönlicher Interessen und Hobbys (Zuspitzung auf das Suchtmittel)
- Anhaltender Konsum trotz Nachweises eindeutig schädlicher körperlicher, psychischer und sozialer Folgen

Entscheidungsfreiheit

Wenn Sie lesen, dass Abhängigkeit eine Krankheit ist und wenn von »verminderter Kontrollfähigkeit« bezüglich des Konsums die Rede ist, ruft das womöglich auch in Ihnen Bilder von einem Sklaven wach, der seinem Herrn, der Droge, dient. Von einem, der konsumieren muss, weil er keine andere Wahl mehr hat, der seinem süchtigen Verhalten hilflos ausgeliefert ist.

Doch eines sei klargestellt: Der Abhängige ist kein Leibeigener. Niemand hat ihn in Ketten gelegt. Es steht kein Aufpasser da, der seine Flucht vereitelt. Im Gegenteil – er konsumiert freiwillig. **Er giert nach den Rauschgefühlen, die *seine Droge* ihm verschafft.**

Ob er aussteigt oder nicht, ist eine Frage des richtigen Zeitpunkts: Sobald er bereit ist, weil er **die Kehrseite *seiner Droge*** zu spüren bekommt, strecken sich ihm von allen Seiten hilfreiche Hände entgegen. Der eine kann eher Abschied nehmen, der andere braucht etwas länger. Ein anderer bleibt womöglich immer dabei. Wann er oder sie bereit ist, hat viel mit dem persönlichen Naturell zu tun. Mit den äußeren Umständen. Weniger mit der Droge selbst. Die Droge ist einfach nur da. Erst der Konsumwunsch verleiht ihr Bedeutung, und der geht vom Konsumenten aus. Der Suchtdruck entsteht im Kopf.

So ist der Konsument (auch wenn dies nicht immer so aussieht und bisweilen schwer zu akzeptieren ist) sein eigener Herr. Er entscheidet selbst – immer und immer wieder, oft viele Male am Tag:

Aufhören oder Weitermachen?

Klar, viele Faktoren entscheiden mit, ob ein Mensch süchtig wird oder nicht. Und es steht außer Frage, dass die angenehmen Wirkungen, die sich beim Konsum von Rauschmitteln oder dem Ausüben süchtiger Verhaltensweisen einstellen, in Menschen den Drang zur Wiederholung auslösen können.

Und doch – wer konsumiert, ist für seinen Konsum selbst verantwortlich. Egal, ob er 13, 18 oder 55 Jahre alt ist. Er ganz allein hat es in der Hand, ob er aufhören oder weitermachen will. Und so wollen wir ihm hier begegnen – nicht als Opfer, sondern als einem Menschen, der selbst entscheiden kann.

Eine der schwierigsten Aufgaben für Erwachsene, die drogenabhängige Jugendliche begleiten: **abzuwarten**, bis **der richtige Zeitpunkt** zum Ausstieg gekommen ist.

Sucht – von siech, nicht von suchen

Es gibt kaum einen Kulturkreis, in dem der Konsum von Rauschmitteln nicht in irgendeiner Form traditionell verankert wäre. Die Indianer rauchten ihre Friedenspfeife, die Polynesier sorgten mit Kava Kava für eine ausgeglichene Stimmung, bevor sie ihre dörflichen Probleme besprachen, in den Anden brachten (und bringen) sich die Indios mit dem Kauen von Coca-Blättern über den Tag, und in China wurde Opium in allen Gesellschaftsschichten ob seiner entspannenden Wirkung geschätzt. Hierzulande pries der gute alte Goethe derweilen Wein als Mittel gegen Sorgen und Quell der Inspiration. Und Lehrer Lämpel schmauchte genüsslich sein Pfeifchen.

Drogen dienten nicht nur dem Genuss. In zeremoniellen Zusammenhängen wurde die berauschende Wirkung der verschiedensten Substanzen zur Erweiterung der Sinne genutzt. Indische Hellseher wie sibirische Schamanen griffen zu der aus dem gemeinen Fliegenpilz gewonnenen »Götterdroge« Soma. Und Phythia, das berühmte Orakel von Delphi, soll Gase eingeatmet haben, die einer Bruchstelle in der Erdkruste entwichen, um das Tor zur Zukunft aufzustoßen.

Dann begann das Wassermann-Zeitalter und mit ihm kam es in unserem westlichen Kulturkreis unter jungen Leuten zu einer Art »Demokratisierung des Rauschmittelkonsums« jenseits des damals schon allgegenwärtigen Alkohols und Nikotins:

Die Blumenkinder setzten auf die entspannende Wirkung von Haschisch, um den Weltfrieden zu retten. Dope for all! Make peace, not war! Und amerikanische LSD-Gurus priesen psychoaktive Substanzen als Express-Fahrschein zur Erleuchtung. Jedem seinen Rausch.

Welche Droge auch immer genommen wird: Durch die Phase der Verleugnung muss jeder durch ...

»Sucht kommt von suchen«, rechtfertigt sich so mancher Drogen-konsument auch heute noch mit leuchtenden Augen. Drogenkon-sum zur Bewusstseinserweiterung. Das klingt nach Transzendenz. Nach Erleuchtung. Nach dem direkten Draht zur höheren Weis-heit. Wer könnte dagegen schon etwas einwenden?
Doch – spüren wir den Wurzeln des Wortes Sucht nach, so kommt es eben nicht von suchen. Es kommt von »siech«. Sprich: krank.

Wenn der Alltag nur noch high erträglich ist

» Meine Eltern haben ständig auf mir rumgehackt. Ich soll mehr lernen. Ich soll mir andere Freunde suchen. Ich soll mich anständig anzie-hen. Ich soll nicht so viel vor dem Fernseher und dem PC hocken. Ich soll nicht so viel Süßig-keiten essen. Und in der Schule war es auch nicht besser. Meine Lehrer nervten mich ständig. Dass ich besser aufpassen soll, dass ich nicht so viel quatschen soll, dass ich pünktlicher sein soll. Soll. Soll. Soll. Soll. Soll! Das hat mich so angekotzt. Da hab' ich irgendwann voll auf Durchzug geschaltet. Und in dieser Zeit habe ich die Leute kennengelernt, mit denen ich ange-fangen hab zu kiffen. Das war so geil! Wenn mich meine Eltern oder die Lehrer vollgequatscht haben und ich bekifft war, ist das an mir vorbei-gerauscht. Mir war alles egal. Keiner konnte an mich ran. Mir ging das alles am Arsch vorbei. «

Patrick St., 19, obdachlos, erster Drogenkonsum mit 13

Also gut: Kiffen entspannt. Kiffen macht gleichgültig. Der Alltag wird erträglicher, die Probleme treten in den Hintergrund. Es ist, als würdest du dich unter einer weichen, gemütlichen Decke verkriechen, durch die nichts zu dir durchdringen kann, was du nicht willst. Du bist auf einmal immun und fühlst dich so cool, weil du merkst, dass dir keiner mehr was anhaben kann. Du stehst über den Dingen. Und das ist gut so.

» Um den **Stress** in der Schule nicht zu spüren, habe ich gekifft. Das hat mich beruhigt. So sehr, dass ich mich nicht mehr dazu aufraffen konnte, die Hausaufgaben zu machen. Und morgens kam ich auch nicht mehr aus dem Bett. Das führte zu noch mehr **Stress**. Hasch allein war da nicht mehr genug. Um mal komplett abzuschalten, ging ich am Wochenende in die Feierszene, mal so richtig die Welt vergessen und den ganzen **Stress** hinter mir lassen. Am Montag war ich immer noch so druff, dass an Schule nicht zu denken war. Das gab natürlich **Stress** mit meinen Eltern. Die wollten mir einfach nicht glauben, dass ich krank bin. Da hab ich mich an unserem Apothekenschränkchen bedient. Da lag immer Valium drin. Meine Eltern und die Lehrer sprachen sich ab und redeten mir gemeinsam ins Gewissen. Und sie verschärften die Kontrollen. Und den **Stress**. Wenn ich mal nicht zum Unterricht erschien oder den Anforderungen nicht nachkam, drohten sie mir von allen Seiten Konsequenzen an. Das war mir echt zu viel.
Stress. Stress. Stress. Stress. Stress. Das war der Knall. Am nächsten Wochenende kam ich vom Feiern nicht nach Hause und blieb bei den Leuten, bei denen ich Afterhour gefeiert hab. Die haben mich wenigstens nicht genervt und so akzeptiert, wie ich war. Die waren nämlich genau

wie ich. Eben voll die Anti-**Stress**-Leute. Und
die hatten Superstoff. Da bin ich erst mal geblieben. Eine echt krasse Zeit. Da habe ich
alles probiert, was kam. Natürlich brauchte ich
Geld, ich hab halt geklaut. Als mich die Polizei
erwischt hat, haben sie meine Eltern angerufen.
Erst der ganze **Stress** auf der Wache, dann der
Stress zu Hause. Das hält doch keiner aus. Ist
doch kein Wunder, dass ich mich zugekifft habe.
Nüchtern wäre ich total durchgedreht. «

Laura S., 25, zurzeit Lehre als Landschaftsgärtnerin, seit 2 Jahren clean

Erst der Rausch gegen den Stress.
Dann der Stress durch den Rausch.

» Ich bin echt am Arsch, Mann. Ich hab schon seit
einem Jahr keinen einzigen Brief mehr aufge-
macht. Dabei kommen die vom Gericht und von
lauter so Inkassofirmen und von den Handy-Ver-
trägen und so.
**Können die mich nicht einfach alle in Ruhe las-
sen?!** Ich weiß genau, die wollen Kohle von mir.
Und das Gericht? Ich hätte ja Arbeitsstunden
machen sollen. Die haben mich wegen Diebstahl
und Schwarzfahren verknackt. Und wegen Besitz
von Betäubungsmitteln. Gott sei Dank hatte ich
nur Eigenbedarf dabei, und sie haben meinen
Bunker nicht gefunden. Da wär ich voll aufgeflogen. Dann hätten die doch gemerkt, dass ich
deale. So wie der Mike, den haben die Bullen
voll gefickt. Der sitzt jetzt erst mal drei
Jahre ab. Die haben jetzt sein Handy, da ist
meine Nummer drin. Und ich weiß auch von nem
anderen Kollegen, dass die uns abgehört haben.
Der hatte nämlich über seinen Anwalt Aktenein-
sicht. Ich hab so ein Gefühl, als würde die

Kripo jetzt die Schlinge zuziehen. Oder ist das
alles bloß Paranoia? Gott sei Dank kann ich am
Freitag wieder weggehen. Da fahren wir zu nem
Techno-Festival, da wollen wir fett Kohle machen
und richtig abfeiern. Ich brauch das jetzt mal,
damit ich wieder nen klaren Kopf bekomm und von
dem ganzen Scheiß abschalten kann. **Vergessen.
Einfach nur vergessen!** «

Tommy L., 18, Partydrogen, Alkohol und »was gerade kommt«

Alles, was ein Konsument will, ist, seine Ruhe haben. Keinen Stress mehr. Keinen Zoff. Er will vor seinen Problemen ausweichen. Aber mit jedem Ausweichmanöver schafft er sich neue Probleme. Immer wieder neue Probleme. Und damit ständig neue Gründe, warum er sich jetzt dringend etwas einfahren muss. Je weiter er sich in die Suchtspirale hineinbegibt, desto mehr versinkt sein Leben im Chaos. Die Schwierigkeiten wachsen ihm völlig über den Kopf. Schulden. Gerichtsverhandlungen. Verhaftungen. Beschaffungsstress und -kriminalität. Physische und psychische Angegriffenheit. Irgendwann ist der Punkt des Unaushaltbaren erreicht. Ohne die Fluchtmöglichkeit, die das Rauschmittel bietet, würden bei dem Süchtigen die Sicherungen durchbrennen, so sehr steht er unter Druck. Irgendwann ist er so weit, dass er seinen Alltag im nüchternen Zustand nicht mehr ertragen kann. Kein Mensch könnte das.

Wie Blitze im Hirn

»Was nimmt sie denn?«, will die Drogenberaterin wissen.
Gute Frage ... Ich habe keine Ahnung. Was konsumieren Jugendliche heutzutage? Haschisch? Oder gar Heroin? Gott! Heroin, denke ich und sehe meine Tochter schon mit einem Bein im Grab. Die Geschichte der Christiane F. hat ihre Wirkung nicht verfehlt.
»Haschisch«, sage ich schnell, nicht aus Gewissheit, sondern um mich selbst zu beruhigen.
»Ach so?« Mein Gegenüber zieht genervt die Augenbrauen hoch.
»Wenn das so ist ... Was wollen Sie dann überhaupt hier? Kiffen tun doch alle. Das ist doch gar nicht schlimm.«

Seit meinem Besuch in der Drogenberatungsstelle ist einige Zeit vergangen und die Experten haben viel dazugelernt – auch über die Nöte von Eltern, deren Kinder erste Konsumerfahrungen sammeln. Die geschilderte Situation dürfte sich also heute (theoretisch) so nicht wiederholen. Andererseits ...

» Wer in der Suchthilfe arbeitet, ist die ganze Zeit mit ziemlich krassen Schicksalen konfrontiert. Zu uns kommen Leute in die Beratung, die völlig fertig sind, körperlich verwahrlost, seelisch am Ende, depressiv, paranoid, wohnsitzlos, überschuldet. Ich mache das jetzt seit fast zwanzig Jahren. Wenn ich ganz ehrlich bin, muss ich schon sagen, dass ich ein Stück weit abgestumpft bin. Es reißt mich nicht wirklich vom Hocker, wenn einer daherkommt und mir erzählt,

dass ein Jugendlicher beim Kiffen erwischt wurde. Natürlich ist mir klar, wie wichtig Prävention ist. Wir machen ja auch immer wieder Informationsveranstaltungen in Schulen und so. Und für Fragen von Eltern sind wir schon offen. Da hat sich in den letzten Jahren schon was getan. Aber es ist doch so im Leben - da, wo's richtig brennt, da kommt die Feuerwehr hin. Die hätten viel zu tun, wenn sie schon kommen müssten, wenn einer ein Streichholz abfackelt.
Und ich bin auch nicht an jedem Tag gleich gut drauf. Manchmal macht es mir nichts aus, zum hundertsten Mal die gleichen Fragen zu beantworten. Aber manchmal geht das eben nicht. Ich hab so viel um die Ohren, da drücke ich jemandem auch schon mal nur eine Infobroschüre in die Hand. Da kann es schon mal passieren, dass Eltern mit dem Gefühl nach Hause gehen, dass ich sie nicht ernst genug genommen habe. «

Peter W., Drogenberater

Missverstehen Sie uns nicht, die Beratungsstellen leisten gute, wertvolle Arbeit. Aber die Mitarbeiter sind auch nur Menschen. Normalsterbliche wie Sie und ich. Erwarten wir keine Wunder.

Hätte, wäre, wenn ...

Wie so oft klinkt sich mein Hirn an dieser Stelle in eine Gedankenmühle ein, die wohl allen Eltern vertraut ist, deren Kinder nicht auf pfeilgeradem Weg zu den von uns und der Gesellschaft gesetzten Erfolgszielen gegangen sind:

Hätte ich nur ein bisschen besser Bescheid gewusst, **hätte** ich konkreter fragen und den mit Linas Drogenkonsum einhergehenden familiären, schulischen und sozialen Absturz besser beschreiben können. Ich **wäre** nicht so ratlos, sprachlos, hilflos gewesen. **Wenn** ich nur informiert gewesen wäre ...

Womöglich wäre es mir sogar gelungen, nicht nur mit der Drogenberaterin, sondern

> **mit Lina**
> **selbst**
> darüber zu **reden.**

Wie gut, dass wir hier einfach noch einmal zum Ausgangspunkt zurückkehren können.

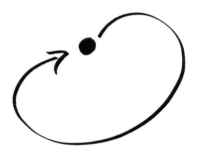

Was nehmen Jugendliche denn so?

Gute Frage.

Kommt ganz darauf an, wie ein Jugendlicher drauf ist. Auch wenn es die Gräuelpropaganda in den Medien und das Gerede des einen oder anderen Jugendlichen manchmal so erscheinen lässt:

> Nicht alle **konsumieren**.
> **Manche** schon.

Manche fangen bereits in der Grundschule mit dem **Zigarettenrauchen** an, andere verweigern sich dem blauen Dunst und dem Gruppendruck, der Nikotin-Abstinente zu uncoolen Außenseitern stempelt. (Wobei dieses Bild von »Rauchen ist cool« im Augenblick zu kippen scheint. Einige der von uns befragten Jugendlichen in der Altersgruppe zwischen 11 und 16 finden Rauchen mittlerweile uncool.)

Manche trinken regelmäßig **Alkohol**, einige davon in erschreckenden Mengen, andere geben sich ausschließlich bei speziellen Anlässen wie Geburtstagspartys die Kante. Dann aber bis zum Abwinken.

Manche rauchen nie einen Joint, andere gelegentlich. Wieder andere **kiffen** täglich. Der eine oder andere ist womöglich vom Joint umgestiegen und raucht den Wirkstoff durch die Bong (so heißt die Wasserpfeife im Szene-Jargon), weil das stärker kickt.

Aber wer konsumiert eigentlich was?

Wenn wir uns auf ungewohntem Gelände orientieren wollen – und die meisten von uns Erwachsenen wagen sich bei diesem Thema auf ziemliches Neuland vor –, dann wünschen wir uns eine Landkarte, auf der die Welt so übersichtlich geordnet erscheint, dass wir uns sofort gut darin zurechtfinden können. Wenn aber in der Welt der Drogen eines fehlt, dann ist es dies: die Übersichtlichkeit. Mit Klassifizierungen nach Schema F kommt man hier nicht weiter. Die Frage »Wer nimmt was?« lässt sich darum nicht pauschal beantworten.

Klar, **wenn** Techno-Fans konsumieren, nehmen sie **eher** »Partydrogen« (also zum Beispiel Amphetamine, Ecstasy und LSD), und Konsumenten aus der Hiphop-Szene greifen **eher** zu Kokain. Die »Alternativen« greifen vorzugsweise zu Haschisch und Marihuana, obwohl sich das Kiffen praktisch durch alle Szenen hindurchzieht.

Aber solche Konsumvorlieben verschwimmen in den letzten Jahren zunehmend, da immer mehr Jugendliche nach dem ultimativen Kick suchen und darum ständig neue Erfahrungen machen wollen. Sie probieren alle möglichen Substanzen in allen möglichen Kombinationen aus. Leute, die einen einzigen Stoff konsumieren, sind heute eher selten. Die meisten sind »multitox«, sprich: Sie konsumieren parallel zueinander verschiedene Substanzen ihrer Wahl und dabei entwickelt **jeder seine ganz persönlichen Vorlieben und Abneigungen**.

Steckbrief illegale Substanzen

Wer mit Jugendlichen zu tun hat, sollte sich zumindest ein Grundwissen über die wichtigsten der heute verfügbaren Drogen aneignen. Dieses Hintergrundwissen schützt davor, für dumm verkauft zu werden und gegebenenfalls nicht die richtigen Fragen stellen zu können. Sämtliche auf dem Markt verfügbaren Drogen zu nennen, würde den Rahmen dieses Buchs bei Weitem sprengen. Wir haben uns auf einige der gängigsten Drogen konzentriert.

Bitte beachten Sie auch, dass Drogenzusammensetzungen starken Schwankungen unterworfen sind, sodass die Angaben in unserem Steckbrief nur grobe Anhaltspunkte geben können. Eine Gewähr können wir nicht übernehmen. Auch könnte die gleiche Menge ein und derselben Substanz je nach persönlicher Veranlagung und auch je nach Tagesverfassung des Konsumenten eine mal stärkere, mal schwächere Wirkung entfalten, weil jeder anders reagiert, genauso wie es etwa beim Alkohol der Fall ist.

Wichtiger Hinweis:
In unserer Übersicht haben wir in der Spalte »Mögliche Wirkungen« mit + die vom Konsumenten gewünschten und mit − die unerwünschten Drogenwirkungen beschrieben. Keinesfalls ist damit eine Wertung von mehr bzw. weniger »empfehlenswert« gemeint.

Substanz-gruppe	Erhältlich als	Andere Namen	Haupt-wirk-stoff	Üblichste Konsumformen
Cannabis (indischer Hanf)	**Haschisch** Zu Klumpen oder Platten gepresstes, bräunliches bis schwarzes Harz (Wirkstoffgehalt ca. 10 - 15%)	Dope Shit Piece	**Tetrahydrocannabinol (THC)**	Wird mit Tabak gemischt als Joint oder in der Wasserpfeife oder auch pur im Metallpfeifchen geraucht; seltener in Fett gelöst zur Zubereitung THC-haltiger Speisen und Getränke oder in Keksen oder Kuchen eingebacken
	Marihuana Getrocknete weibliche Blüten-stände, Blätter und Stängelspitzen (Wirkstoffgehalt ca. 10 - 15%)	Gras Weed		Wird mit Tabak gemischt oder pur als Joint oder in der Wasserpfeife geraucht
	Haschisch-Öl Mit Lösungsmitteln gewonnenes Flüssigextrakt (Wirkstoffgehalt bis zu 80%)	THC-Öl Hasch-Öl		Wird verdampft und eingeatmet, mit Tabak vermischt geraucht, auf Papier geträufelt und gelutscht oder zur Zube-reitung THC-haltiger Getränke und Speisen verwendet

Laut Definition der Weltgesundheitsorganisation (WHO) gilt jede Substanz als Droge, »die in einem lebenden Organismus Funktionen zu verändern vermag«. Die WHO betrachtet also nicht nur Cannabis, Amphetamine, Halluzinogene, Stimulantia und Opiate als Drogen, sondern auch Alkohol und Tabak, Schmerz-, Schlaf- und Beruhigungsmittel. Und auch anregende

Mögliche Wirkungen	Risiken und Nebenwirkungen	Suchtpotenzial	Konsumnachweis
+ Beruhigt, entspannt, überdeckt negative Gefühle, intensiviert die Sinneswahrnehmungen	Während des Rauschs erhöhtes Unfallrisiko, besonders im Straßenverkehr Mögliche Nebenwirkungen: Herzrasen, erhöhter Blutdruck, Augenrötung, Übelkeit	Auf lange Sicht Gefahr der psychischen Abhängigkeit. Erste Anzeichen: Antriebs- und Lustlosigkeit, verringerte körperliche und geistige Leistungsfähigkeit, Depressionen, Persönlichkeitsveränderungen	Im Blut: THC bis zu 12 Std, Abbauprodukte 2-3 Tage bei gelegentlichem Konsum und 3 Wochen bei regelmäßigem Konsum Im Urin: bei einmaligem Konsum 7-10 Tage, bei häufigerem Konsum bis zu 8 Wochen
- Macht antriebslos, kann Sinnestäuschungen, Angst, Panikattacken, Konzentrations-, Wahrnehmungs-, Denk- und Orientierungsstörungen sowie leichte Halluzinationen erzeugen	Bei gesundheitlicher Vorschädigung (von der der Konsument womöglich gar nichts weiß) Gefahr von akuten Herz-Kreislauf-Beschwerden bis hin zum Kollaps	Der Übergang zur Sucht ist schleichend Entzugssymptome wie innere Unruhe, Anspannung, Rastlosigkeit, Alpträume und z.t. massive Stimmungsschwankungen sorgen dafür, dass der Konsument in dieser Phase nicht mehr ohne Weiteres aufhören kann	Im Haar sind alle Drogen zeitlich praktisch unbegrenzt nachweisbar. In der meist geforderten 3 cm-Probe ca. 3 Monate

»Alltagsdrogen« wie Kaffee und Tee gehören dazu. Alkohol, Nikotin und Koffein werden vom Betäubungsmittelgesetz jedoch nicht erfasst und sind daher so genannte »legale Drogen«.

Substanz-gruppe	Erhältlich als	Andere Namen	Haupt-wirk-stoff	Üblichste Konsumformen
Synthetische Drogen andere Namen: Designer-Drogen, Partydrogen, chemische Drogen	**Speed** Meist weißes Pulver (aber auch in anderen Farben erhältlich), Paste, »Stein« (= getrocknete Paste) oder in Kapselform	Pepp Schnelles	**Amphetamin**	Pulver wird durch die Nase gezogen oder als »Bömbchen« (in Papier einge-wickelte Prise) geschluckt. Paste und Stein werden gehackt und dann wie Pulver konsumiert. Kapseln werden geschluckt
	Ecstasy Meist als Pillen in den verschiedensten Farben, Formen, Größen, oft mit Prägungen wie Ahornblatt, Herz, Krone, Mitsubishi-Logo etc. Seltener als Pulver, Kapseln oder Flüssigkeit	XTC E Pillen, Runde, Teile	3,4 Methylendioxi-N-Methylamphetamin (MDMA) andere Formen: MDA, MMDA und MDE	Wird geschluckt, kann aber auch klein gestampft und durch die Nase gezogen werden

In Deutschland ist der Umgang mit Drogen im so genannten Betäubungsmit-telgesetz (BtMG) geregelt. Drei Stoffgruppen werden von diesem Gesetz er-fasst:

- nicht verkehrsfähige Betäubungsmittel: Handel und Abgabe verboten (z.B. Heroin),

Mögliche Wirkungen	Risiken und Nebenwirkungen	Suchtpotenzial	Konsumnachweis
+ Intensivere Wahrnehmung, tagelange Wachheit, Bewegungs- und Rededrang, Euphorie, erhöhte Kontaktfreudigkeit **-** Bluthochdruck, Erregung, Schlafstörungen, Halluzinationen	Wie bei anderen Drogen werden Alarmzeichen des Körpers wie Hunger, Durst und Müdigkeit ausgeschaltet Vorerkrankungen wie Bluthochdruck, Diabetes und Epilepsie erhöhen das Konsumrisiko	Rasche Entwicklung einer ausgeprägten psychischen Abhängigkeit Entzugserscheinungen reichen von Depressionen und Niedergeschlagenheit bis zu paranoiden Zuständen und Psychosen	Im Blut: ca. 6 Stunden Im Urin: ca. 1 - 4 Tage (abhängig vom jeweiligen ph-Wert) Im Haar: Siehe Cannabis
+ Kreislaufanregend, aufputschend, leistungssteigernd, Gefühl von Offenheit und Wärme, Abbau von Hemmungen, erhöhte Kontaktfreudigkeit, löst ekstatische Tanzgefühle (Techno) aus **-** Angst, Depressionen, Appetitverlust, Erschöpfung, Schmerzen in der Nierengegend	Unkalkulierbare Wirkungen durch schwankende Wirkstoffgehalte, Zusammensetzungen und Nachahmerpräparate. Vergiftungsgefahr durch Streckmittel oder Verunreinigungen Verausgabung durch Tanzen: mangelndes Durstgefühl und Anstieg der Körpertemperatur kann zu Zusammenbrüchen führen	Durch häufige Einnahme verringert sich die Ausschüttung des körpereigenen Glückshormons Serotonin Entzugserscheinungen bei Langzeitkonsum: Schlaf- und Konzentrationsstörungen, Verwirrtheit, Depressionen, Leber- und Nierenschäden	Im Blut: bis zu 24 Stunden Im Urin: ca. 1 - 4 Tage (abhängig vom jeweiligen ph-Wert) Im Haar: Siehe Cannabis

- verkehrsfähige, aber nicht verschreibungsfähige Betäubungsmittel: Handel erlaubt, Abgabe verboten (z.B. Ausgangsstoffe für die Drogenproduktion wie Cocablätter)
- verkehrs- und verschreibungsfähige Betäubungsmittel (z.B. Morphin).

Substanz-gruppe	Erhältlich als	Andere Namen	Haupt-wirk-stoff	Üblichste Konsumformen
Halluzinogene	Synthetisch: **LSD**	Acid, Tickets, Pappen, Trips, Fahrkarte	Lysergsäurediethylamid	Wird in diverse Trägermaterialien eingearbeitet, z.b. Löschpapier-Eckchen mit Comic-Aufdrucken (»Tickets«) oder als kleine Kügelchen, Kegel, Scheibchen, Kapseln, Pillen verkauft. Diese Trips werden geschluckt. Flüssig-LSD wird auch auf Zucker-stückchen ge-träufelt und geschluckt
	Pflanzlich z.B. **Psilocybin-Pilze Datura Mescalinpilze Zaubersalbei** u.v.m.			Unterschiedliche Wirkstoffe und Konsum-formen je nach verwendeter Pflanze, Wirkungen ähnlich wie (aber nicht identisch mit) LSD

Auch jedes Medikament kann eine Droge sein und so gut wie jede Droge ein Medikament – je nachdem, wie das Präparat hergestellt wird, wie lange und zu welchem Zweck man es einnimmt und wie man es dosiert. Wann immer Arzneimittel wie zum Beispiel Schmerz-, Schlaf- oder Betäubungsmittel ohne medizinische Notwendigkeit eingenommen werden, liegt im Prinzip ein Dro-genmissbrauch vor.

Mögliche Wirkungen	Risiken und Nebenwirkungen	Suchtpotenzial	Konsumnachweis
Verstärkt vorhandene Stimmungen, egal ob positiv oder negativ + Bewusstseinserweiterung, Optics*, Gefühl »auf Reise« zu gehen - Veränderung oder Verzerrung der Wahrnehmung und des Empfindens, Sinnestäuschungen, Wahnvorstellungen; Apathie	Unfallrisiko und selbstzerstörerisches Verhalten, z.b. wenn Konsument sich für unverwundbar hält oder glaubt, durch Wände gehen oder fliegen zu können; bei wiederholtem Missbrauch Gefahr von Psychosen; tückisch: Flashbacks, d.h. plötzlich einsetzender Rausch noch Monate nach letztem Konsum	Gefahr der Wirklichkeitsflucht und massiven psychischen Abhängigkeit	Im Blut: bis zu 12 Stunden Im Urin: bis zu 3 Tagen (Test nur im Speziallabor möglich) Im Haar: Siehe Cannabis
	Unkalkulierbare Wirkung, da Wirkstoffgehalt je nach Wachstumsbedingungen, Trocknung, Lagerung etc. stark variieren kann. Dadurch: Gefahr der Überdosierung	Gefahr der Wirklichkeitsflucht und massiven psychischen Abhängigkeit	Je exotischer die Substanz, desto schwieriger der Nachweis: Im Labor wird immer nur das gefunden, wonach man sucht

Es gibt auch pflanzliche Rauschsubstanzen, die nicht dem BtMG unterliegen: z.B. die Datura (Engelstrompete) oder der Stechapfel. Und in den einschlägigen Szenen werden schnell immer wieder neue Drogen entwickelt, so dass der Gesetzgeber mit dem Erfassen nicht nachkommt.

---

*   siehe Glossar

Substanz-gruppe	Erhältlich als	Andere Namen	Haupt-wirk-stoff	Üblichste Konsumformen
Stimulantia	**Kokain** weißes, kristallines Pulver	Koks Coca	**Kokainhydrochlorid**	Wird meist ge-schnupft, kann aber auch geraucht werden
	Crack Wird durch Zugabe von Basen aus Kokain produziert (manchmal vom Konsu-menten selbst)	Steine Base Freebase (Konsum kann »basen« genannt werden)		Wird meist in einem Metallpfeifchen ge-raucht (wie es auch für den Haschischkonsum benutzt wird). Alternativ dazu: zum Inhalationsgerät umfunktionierte Getränkedose (mit »Siebchen«)
Opiate	**Heroin** (Schlafmohn)	H (sprich »äitsch«) Shore	**Morphin**	Wird in die Vene gespritzt, geraucht, auf erhitzter Alu-Folie inhaliert oder geschnupft. Zum Spritzen wird Heroin in einem Löffel mit Ascorbinsäure oder Zitronensaft erhitzt, durch Zellstoff (z.B. Zigarettenfilter) gefiltert und dann aufgezogen

Mögliche Wirkungen	Risiken und Nebenwirkungen	Suchtpotenzial	Konsumnachweis
+ Stark euphorisierend, dämpft Hunger, Durst, Müdigkeits- und Kältegefühle, als Kreativität empfundener Rededrang **-** Beim Ausklingen des Rauschs Angstzustände und Depressionen: Rausch endet oft im Zusammenbruch	Schädigung der Nasenschleimhaut; Gefahr von Lungen- und Hirnschäden; kann schwere Depressionen mit Selbstmordwünschen auslösen; Selbstgefährdung durch überzogenes Selbstwertgefühl und erhöhten Bewegungsdrang; gesteigerte Aggressivität und Gewaltbereitschaft	Kann sehr schnell zu schwerer psychischer Abhängigkeit mit kontinuierlicher Dosis-Steigerung führen, da die Wirkung nur sehr kurz anhält Wirkt sofort, aber nur sehr, sehr kurz, dadurch ständiger Suchtdruck	Im Blut: einige Stunden, Stoffwechselprodukt einige Tage Im Urin: einige Stunden, Stoffwechselprodukt bis zu 3 Tage, bei häufigem Konsum 15 - 22 Tage Im Haar: Siehe Cannabis
+ Beruhigt, löst Schmerzen, stark euphorisierend; dämpft geistige Aktivität; alles Negative wird ausgeblendet **-** Starke Nebenwirkungen bei Entzug	Bei Überdosierung Bewusstlosigkeit, Atemdepression, Kreislaufversagen, Verlangsamung des Herzschlags Häufig bei Überdosis: Lähmung des Atemzentrums mit Todesfolge	Führt sehr schnell zu einer psychischen und körperlichen Abhängigkeit mit Dosis-Steigerung. Entzugssymptome: Schwitzen, Zittern, starke Gliederschmerzen, Schlafstörungen, Kreislaufzusammenbrüche	Im Blut: bis zu 8 Stunden Im Urin: 2 - 3 Tage Im Haar: Siehe Cannabis

Geht es um Wirkung oder um Geschmack?

Lina und ich sitzen nach einer Lesung mit anderen geladenen Gästen im Restaurant, und der Kellner geht reihum mit der Frage: »Rotwein oder Weißwein?«

»Hmmm«, denke ich laut. »Worauf habe ich Lust?«

»Wie willst du dich denn nachher fühlen?«, fragt Lina. «Rot oder weiß, das wirkt doch ganz verschieden.«

»Also ich hatte eher an den Geschmack gedacht ...«

»Hä?! Das peil ich jetzt nicht! Trinkst du den Wein nicht wegen der Wirkung? Rotwein kickt doch viel stärker, der macht doch voll platt. Vom Weißen verträgst du mehr, da bist du nicht so schnell betrunken wie beim Roten. Der macht eher lustig.«

»Nein, also nach den Kriterien suche ich doch keinen Wein aus! Ok, wenn ich gestresst bin, merke ich schon, dass Rotwein mich etwas runterholt. Aber ansonsten gehe ich doch nach dem Geschmack! Und ob's zum Essen passt oder nicht.«

»Alkohol schmeckt dir?!« Lina ist völlig entsetzt. »Da gibt's aber Sachen, die viel besser schmecken! Also, wenn ich Alkohol trinke, dann nur wegen dem Kick.«

Ich habe mich an dem Abend für Weißwein entschieden, Lina blieb bei Cola, sie hatte keine Lust auf Alk. Aber nach unserem Gespräch habe ich zum ersten Mal wirklich ganz bewusst darauf geachtet, welche Wirkung der Wein auf mich und die anderen »Konsumenten« hatte.

Da gab es die Rotweinfraktion: Während der Kellner immer wieder nachschenkte, versank sie zunehmend in einer Art kollektiver Trance. Die einen wurden immer wortkarger, während ihnen die anderen mit schwerer Zunge den Lauf der Welt erklärten. Was sie da vor sich hin murmelten, ging jedoch im Stimmengewirr der Weißweinfraktion unter. Mit der dritten Runde des Kellners hatte sich die Deutlichkeit der Aussprache auch in diesem Lager eindeutig zum Schlechteren gewandelt. Aber hier ging es richtig hitzig zu.

Eine sehr kultiviert wirkende Dame mittleren Alters, die sich im nüchternen Zustand durch vornehme Zurückhaltung ausgezeichnet hatte, echauffierte sich auf einmal lautstark über »diese Jugend von heute«, fand mit ihren durchaus aggressiven Tiraden jedoch kaum Zuhörer, da die anderen angefangen hatten, sich kreischend vor Lachen Witze und Anekdötchen zu erzählen. Wein, Weib und Gesang! Mit der passenden musikalischen Untermalung hätten sie sicher zu schunkeln begonnen.

Mir als Beobachterin verging angesichts dieses Szenarios dann doch die Lust auf den Wein. Und als Lina, die die ganze Zeit still neben mir gesessen und das Treiben ebenso fasziniert verfolgt hatte, mich schließlich fragend anschaute, konnte ich nur sagen: »Eins zu Null für dich, Lina. Geschmack hin oder her. In punkto Wirkung hast du recht!«

Was hat welche Wirkung?

Wir haben mit vielen Jugendlichen gesprochen und alle haben uns ausnahmslos bestätigt, dass sie sich – egal ob es um Alkohol oder andere Drogen geht – stets an der Wirkung und nur der Wirkung allein orientieren. Wenn sie trinken, dann um den Rausch zu erleben. Den Geschmack mag so gut wie keiner. Sie kaschieren ihn eher – zum Beispiel, indem sie Schnäpse wie Wodka mit Red Bull, Orangensaft, Cola usw. mischen.

Und auch bei den illegalen Drogen erfolgt die Auswahl nach eben diesem Prinzip.

Wirkung ist alles!

Ob im legalen oder illegalen Bereich: Konsumenten greifen ganz gezielt in das **Drogensortiment**, um sich die Substanz einzufahren, die ihnen den Zustand verspricht, in den sie kommen möchten. **Für jeden Zustand gibt es also die »passende« Droge**, zum Beispiel:

- Wach werden: Amphetamine (Speed)
- Sich fühlen wie der Größte: Kokain
- Feiern: Ecstasy
- In ferne Welten wandern: LSD
- Relaxen, vom Rausch runterkommen: Haschisch und Marihuana

Tanz um die Drogen

Mike auf LSD

»Das war so fett am Wochenende. Bin immer noch'n bisschen druff. Wir waren auf 'nem Goa-Festival. Da gab's LSD. Konnte endlich mal weg von der Scheiß-Realität! Hatte voll die Optics! Die Farben! Alles intensiv! Und die anderen… Wir waren alle auf dem gleichen Trip. Wir hatten so viele Erkenntnisse. Ich hab voll gefühlt, dass Zeit relativ ist. Alles, worum sich diese Scheiß-Welt dreht, hat doch keinen Sinn. Oder ist das der Sinn, dass es keinen Sinn gibt? Na ja, ist ja auch egal! Die Farben waren jedenfalls geil!«

Toni auf Koks

»Mein Dad hat mich schon wieder versetzt, und um sein schlechtes Gewissen zu vergessen, hat er mir fünf Scheine gegeben. Obercool. Ich hab mir erst mal 5 Gramm vom besten Koks geholt. Ich war der Größte in meiner Clique und das Zeug war so geil! Das Zeug hat voll geknallt. Alles war betäubt. Und die Chicas sind voll auf mich abgefahren. Ich war der Held. Nur leider ging's viel zu schnell vorbei. Jetzt weiß ich nicht, wo ich die nächste Kohle herkriegen soll. Vielleicht kann ich meinen Dad ja nochmal anhauen. Na ja, irgendwie krieg ich's hin.«

Doro auf Hasch

»Ich freue mich immer schon die ganze Woche aufs Wochenende. Mal so 'ne richtig fette Bong rauchen und auf alles scheißen! Den ganzen Schulstress hinter mir lassen. Mit einem Zug an der Bong ist alles weg. Ich sitze in meinen Sessel gedrückt da, bewege mich nicht, denke nicht, fühle mich nur gut. Egal, was kommt: Ich bleibe hier und rauche noch'ne Bong.«

Jonas auf Speed

»Bin schon das ganze Wochenende unterwegs. War auf den geilsten Partys. Hab voll abgefeiert und bin immer noch voll fit. An Schlaf ist nicht zu denken. Hab auch gar keinen Bock auf Schlaf. Das ist alles Zeitverschwendung. Zeit zum Schlafen hab ich noch, wenn ich mal alt bin. Jetzt geh ich erst mal zu meinem Kumpel, den Rest der Nacht durchzocken.«

Carolyn auf Ecstasy

»Oh, Mann! Als die Pille eingeschlagen hat, konnte mich nichts mehr auf meinem Platz halten. Ab auf die Tanzfläche! Die Musik und ich waren eins. Obergeiles Gefühl! Das reinste Glück! Und allen um mich rum ging es genauso. Ich glaub, ich hab sechs Stunden lang durchgetanzt, bis auf einmal langsam die Wirkung nachgelassen hat. Dann hab ich mir sofort die nächste geknallt, und es ging sofort weiter. Ein endgeiles Gefühl! Wir waren eins, und jeder hat mich verstanden. Um mich rum nur glückliche Gesichter! Eine Familie halt. Gott sei Dank haben die mich im Club reingelassen, weil ich ja noch gar nicht 18 bin.«

Sebastian auf Gras

»Gras ist so geil! Man fühlt sich so relaxt. Es könnte ein Haus neben dir einstürzen, und du würdest immer noch mit einem fetten Smile danebenliegen und denken: Ist mir doch scheißegal! Es gibt keinen Ort, an dem ich kein Gras rauchen könnte. Ich kann's mir gar nicht vorstellen ohne dieses Gefühl. Nichts und keiner kommt an mich ran. Und gar nichts kann es toppen. Ich liebe mein Gras!«

Zum Abschluss noch ein Gedicht:

6 Uhr morgens, 10. September 1998
Lina mit 17, druff* bei Melli

Heute wird ein guter Tag,
weil ich so verpeilte Tage mag.
Wir können so viel machen,
heute lassen wir es krachen.
Uns über uns kaputtlachen,
Musik hören,
die Nachbarn stören,
noch was nehmen,
sich zur Mucke bewegen,
gedanklich abheben
und wegschweben.
Das ist'n Leben.
Und was wollen wir uns jetzt geben?
Jede Menge Zeug ist da.
Ist das ned wunderbar?
Na klar!
Doch hundert Prozent glücklich
ist man nie.
Das ist die CHEMIE.

---

* siehe Lexikon

Mamas Helfer, Papas Trost

Wenn man die Leute so reden hört und die Berichte in den Medien verfolgt, stellt man fest, dass wir Erwachsenen uns in einem einig sind. Wir wollen

Kindern und Jugendlichen ein Lebensumfeld bieten, in dem sie möglichst frei von Drogen aufwachsen können.

Gerät irgendein Jugendlicher dennoch »auf die schiefe Bahn«, wird die Schuld oft bei Dealern gesucht, die wie dereinst der Rattenfänger von Hameln ahnungslose Minderjährige auf den falschen Pfad führen, oder auch bei brutalen Gleichaltrigen-Gangs, die mit übelsten Mobbing-Methoden jeden ausgrenzen, der nicht »cool« ist. Und wer cool ist, der kifft nun mal. Der säuft, raucht und stiehlt gut betuchten Mitschülern mit weniger starken Connections die Markenkleidung vom Leib.

Doch sehen wir einmal genauer hin. Es fällt nicht schwer, die Verantwortung bei Einzelnen – und vor allem: bei anderen! – zu suchen. Wer gruselt sich nicht gern vor Bösewichtern. Aber solche Betrachtungen bringen uns letztlich nicht weiter, denn wir können das Strafmaß für das Dealen von Drogen noch so hoch setzen und noch so hart gegen »jugendliche Wiederholungstäter« vorgehen – Bösewichter wird es trotzdem geben.

Die Erwachsenenwelt
auf dem Prüfstand

Schauen wir einen Moment lang weniger auf die (vermeintlich) Verantwortlichen und wenden wir uns lieber noch einmal dem eben formulierten Wunsch zu:

Kindern und Jugendlichen
ein **Lebensumfeld** bieten,
in dem sie möglichst
frei von Drogen
aufwachsen können.

Und schon sind wir bei der Frage: Was macht das Lebensumfeld aus? Ok. Die Dealer und jugendlichen Kleinkriminellen gehören auch zum Umfeld. Aber darüber hinaus wird es vom ganz normalen Querschnitt der bürgerlichen Gesellschaft gebildet. Sprich: auch **von uns.** Und wie sieht es bei uns ganz normalen Durchschnitts-Erwachsenen mit dem Motto »frei von Drogen« aus?

ACHTUNG! Es ist **NICHT** unsere Absicht, Ihnen mit diesem Kapitel in irgendeiner Weise ein schlechtes Gewissen zu machen. Es geht uns einzig und allein darum, Ihnen die Augen zu öffnen, Sie zu sensibilisieren und Ihren Blick für sich selbst und das, was um Sie herum geschieht, zu schärfen.

Durch Linas Drogenerfahrungen und unsere gemeinsame Arbeit an dem Thema hat sich mein Blick sicher geöffnet. Mag sein, dass mir manches heute eher auffällt als früher. Wie dem auch sei, wenn wir uns heute umschauen, präsentiert sich uns eine Gesellschaft, die alles andere als frei von Drogen ist – auch und gerade unter Erwachsenen: Wir brauchen bloß aus dem Fenster zu schauen. Vor dem Kiosk an der Ecke bietet sich uns tagein, tagaus das übliche Bild der Trinkenden.

In den Supermärkten gibt es reihenweise Regale mit Alkohol in allen Variationen. Die Tabakwaren hängen vor aller Augen über der Kasse.
An jeder zweiten Straßenecke steht ein Zigarettenautomat, und das Sortiment in Tabakwarenläden lässt keine Wünsche offen.
Spätestens seit Ex-Kanzler Schröder öffentlich seine Cohibas rauchte, gilt der blaue Dunst aus der Edelzigarre als Zeichen, »es« geschafft zu haben.
Und für so manchen Pfeifenraucher will sich ein Gefühl der Gemütlichkeit erst dann einstellen, wenn er was zum Schmauchen hat.
Seit aus Schulen der Nikotinkonsum verbannt ist, kann man vor so mancher bundesdeutschen Bildungsanstalt miterleben, wie sich Lehrer in der großen Pause vor dem Gebäude gemeinsam mit ihren Schülern ein schnelles Kippchen gönnen. Und seit Einführung des allgemeinen Rauchverbots bilden sich qualmende Menschentrauben vor beinahe jedem Gastronomiebetrieb.
Inzwischen herrscht auch – zumindest nach den Überschriften der Boulevardpresse zu urteilen – Staatstrauer in Deutschland! Aber wir trauern nicht etwa um die zahlreichen Todesopfer, die das Rauchen und ungewollte Mitrauchen jährlich fordert. Nein! Die ganze Nation ist monatelang in heller Aufruhr, weil die Eckkneipen sterben. Sogar diverse Klagen vor dem Bundesverfassungsgericht sind angestrengt worden, um den Kneipengängern und Kneipiers ihr Recht auf freien Rauch zu sichern.
Ob im Fernsehen, im Kino oder auf DVD – fast in jedem Film wird heute gekifft.

Was wäre …

der Bayer ohne Bier

der Berliner ohne Weiße

der Norddeutsche ohne Klaren

der Franke ohne Schoppen

der Kölner ohne Kölsch

der Rheinländer ohne Wein

der Düsseldorfer ohne Alt

der Seemann ohne Rum

der Lawinenhund ohne Enzianfass

das Kaffeekränzchen ohne Likör

der Manager ohne Kaffee

der Indianer ohne Friedenspfeife

der Fußballfan ohne Bier-Fahne

?

Es vergeht kaum ein Tag, an dem nicht irgendein Prominenter in einen »Drogenskandal« verwickelt wäre. Schon zum Frühstück trällern aus dem Radio Loblieder auf alles, was high macht. Dazu trinken wir unseren Kaffee, ohne den wir unmöglich in die Gänge kommen können.

Um uns über emotionale Durchhänger, Schlafstörungen, Stresserscheinungen, Kummer, Sorgen und Leere hinwegzuhelfen, greifen wir in die Wundertüte der Arzneien. Ob Schlafmittel oder Kopfschmerzmittel, Antidepressiva oder Tranquilizer – uns steht eine breite Palette an Medikamenten zur Verfügung, die uns ein »besseres Gefühl« und weniger Schmerz verheißen.

Um für eine Weile abzuschalten, schalten wir den Fernseher immer öfter ein. Daily Soaps sind für Millionen Menschen **der** Fixpunkt im Leben, um den herum sie all ihre anderen Termine und Aktivitäten arrangieren.

Beim sommerlichen Weinfest zelebrieren wir den Rebensaft, und zu fortgeschrittener Stunde taumelt so mancher brave Bürger auf unsicheren Beinen nach Hause.

Das Münchner Oktoberfest ist weltweit bekannt dafür, dass das Bier dort in Strömen fließt und manche Gäste reisen um den halben Erdball, um sich hier in aller Öffentlichkeit die Kante zu geben und mal so richtig die Sau rauszulassen.

Man mag es Karneval oder Fassenacht nennen – beim Fest der Narren quellen alljährlich spätestens ab Mitternacht die Notaufnahmen der Krankenhäuser mit Vollrausch-Patienten über.

Bei jedem kleinen oder größeren Fußball-Event werden Polizeiaufgebote aufgefahren, um die betrunkenen Fans der gegnerischen Seiten voneinander fernzuhalten.

Den Regenwald kann man neuerdings retten, indem man einen Kasten Bier einer bestimmten Marke erwirbt.

Auf jeder Feierlichkeit gehört es zum guten Ton, mit Sekt anzustoßen (wenngleich viele Unternehmen inzwischen sehr zum Leidwesen mancher Mitarbeiter solcherlei Alkoholkonsum während der Arbeitszeit untersagt haben). Man stelle sich nur ein Silvesterfest oder einen runden Geburtstag ohne Schampus vor!

Wenn man bei einer x-beliebigen Zusammenkunft bekundet, heute mal keinen Alkohol trinken zu wollen, kommt garantiert die Frage: »Bist du krank?« Und meistens wird einem trotzdem geradezu penetrant immer wieder etwas angeboten. Wer sich beim Schnäpschen-Trinken verweigert, gilt sowieso als Spielverderber. Apropos Spielverderber: Damit wären wir beim Sport. Mal ganz abgesehen von den Doping-Skandalen und Eskapaden des einen oder anderen Fußballtrainers – wenn im stinknormalen Sportverein eine Mannschaft einen Sieg zu feiern hat, stellt so mancher Trainer auch schon mal einen Kasten Bier auf den Tisch. Ab 16 ist Trinken schließlich erlaubt!

Und selbst da, wo man es nicht vermutet, sitzt die Lust auf den Alk: So manche Oma mag auf ihr tägliches Gläschen Melissengeist nicht verzichten – weil's ja so gesund ist und eine Heilige auf der Verpackung prangt.

Ein Journalist gesteht uns beim Interview hinter vorgehaltener Hand, dass er auch gern mal ein Näschen zieht. Der Fotograf, den er dabei hat, nickt zustimmend. Er kokst also auch.

Ich selbst trinke zum Abendessen regelmäßig ein Glas Wein, und selbst neulich, als ich ziemliche Magenschmerzen hatte, mochte ich nicht darauf verzichten. Eine lieb gewordene Gewohnheit halt ...

Diese Aufzählung ließe sich schier ins Unendliche fortsetzen. Aber wir denken, unsere Botschaft hat Sie erreicht.

Wer im **Glashaus** sitzt, sollte nicht mit Steinen werfen.

Auch wenn es uns sehr schwerfällt
und es uns womöglich peinlich ist:
Um vor Jugendlichen glaubwürdig
zu sein, müssen wir zugeben, dass
der Rausch auch etwas Lustvolles hat.
Und dass es uns schwerfallen würde,
auf diesen Genuss zu verzichten.

Und damit wir das tun können, müssen wir es uns erst einmal selbst bewusst machen.

Welches Vorbild geben
wir Erwachsenen ab?

Wenn Suchtmittel in unserer Gesellschaft so sehr im Vordergrund zu stehen scheinen, können wir dann nicht wenigstens mit unseren deutschen Tugenden ein gutes Vorbild für unsere Kinder sein? Beharrlichkeit und Ausdauer, Fleiß und Pünktlichkeit, Zuverlässigkeit und Ehrlichkeit – sind das nicht die Werte, auf die es ankommt?

Genau das habe ich früher auch gedacht. Ich war überzeugt, meinen Kindern hier ein gutes Beispiel zu geben. Ich rauche keine Zigaretten, trinke mäßig Alkohol. Ich komme so gut wie nie zu spät, scheue kaum eine Arbeit, halte mich generell an meine Versprechen und bleibe beharrlich am Ball. Seit meinem Studium bin ich Freiberuflerin, und anfangs habe ich mein Geld mit Übersetzungen verdient. Ich saß in jeder freien Minute am Schreibtisch, um zum Familienunterhalt beizutragen, schmiss dazwischen im Eilschritt einen Vierpersonenhaushalt, diverse Umbaumaßnahmen und Renovierungen inbegriffen. Das Vorbild, das ich meinen Kindern gegeben habe?

**Ich war
wie ein Hamster
im Rad.**

Eines Tages saßen wir mit Freunden beim Essen zusammen, und eine Bekannte fragte Lina (sie war damals etwa 8 Jahre alt und tat sich extrem leicht, fremde Sprachen zu lernen): »Willst du nicht auch mal Übersetzerin werden wie deine Mama?«
Lina brauchte keinen einzigen Moment zu überlegen. Es kam wie aus der Pistole geschossen: »Nee, da werd ich lieber Putzfrau!«

Träume? Die hatten wir damals! Heute ist schließlich Realität. Heute ist Alltag.

» Manchmal habe ich das Gefühl, dass mir die Tage
zwischen den Fingern zerrinnen. Ich bin eigentlich immer nur mit Arbeiten beschäftigt, komme
gar nicht richtig hinterher. Ist es nicht im
Job, dann ist es zuhause: dreckiges Geschirr in
der Spüle, Wäscheberge, und die Fenster sind
auch schon wieder schmutzig. Und wenn ich in den
Garten schaue ... Da schaue ich besser gar nicht
hin. Außer im Urlaub kann ich nie mal so richtig
in Ruhe dasitzen. Sofort fällt mein Blick wieder
auf irgendwas, das noch gemacht werden will.
Oder die Kinder wollen was von mir. Oder meine
Mutter ruft an und braucht einen Seelentröster.
Wer tröstet eigentlich mich?
Jeden Tag geht das so. Und abends schlafe ich so
gut wie immer vollkommen kaputt vor dem Fernseher auf dem Sofa ein. Und mein letzter Gedanke
ist: Wieder ein Tag abgearbeitet.
Und dann frage ich mich schon: Soll das etwa
alles gewesen sein im Leben? Noch dreißig Jahre
weiter in dem Trott, und das war's dann? «

Carmen R., 42 Jahre, Chefsekretärin,
alleinerziehende Mutter

So wie Carmen R. geht es vielen:
Wir versacken im Alltag.
Zuhause wie im Job.
Er frisst alles auf, was bunt ist, was Abwechslung bringt.
Er macht unsere Welt grau.
Eintönig.
Langweilig.
Anstrengend.

Seien wir ehrlich: Es ist doch die absolute Ausnahme, dass irgendjemand den perfekten Traumjob hat, in dem er vollkommen auf-
geht und in dem er wirklich glücklich ist. Viel eher ist es doch so,

dass wir uns über unsere Arbeit aufregen. Dass sie uns nervt. Dass wir froh wären, nicht hingehen zu müssen. Womöglich auch, dass wir uns schlecht bezahlt oder sogar ausgebeutet fühlen. Und genau dieses Gefühl vermitteln wir (nicht nur, aber da ganz besonders) montagmorgens am Frühstückstisch.

Stöhn!

Ächz!

Seufz!

Schon wieder fängt eine Arbeitswoche an.

Schon wieder rein in die Mühle!

Und wenn man uns fragt, wie's uns geht, sagen wir Sätze wie:

»So lala.«

»Immer so weiter.«

»Muss, muss ...«

Wenn wir uns überhaupt Zeit für eine Antwort nehmen und nicht nach einem unüberlegt ausgespuckten »gut« sofort mit der Gegenfrage kommen: »Und dir?«

Macht das Lust auf Leistungsgesellschaft? Zumal vor dem Hintergrund der in den Medien allgegenwärtigen Berichte über die Chancenlosigkeit der Jugend auf dem Arbeitsmarkt?

Hauptschulabschluss

sowieso nichts wert?

Abitur?

Aber dann bitte mit Eins!

Und dann studieren.

Danach kostenlos Praktika schieben.

In Zeitarbeitsfirmen zum Billigtarif dienen.

Und nach all den Strapazen,

all der Lernerei

heißt es: zu alt und überqualifiziert

Traum aus und vorbei ?

Wenn die Devise heißt »Mitstrampeln oder untergehen« – ist es da nicht verständlich, wenn einer Null Bock auf die Sisyphos-Nummer hat?

Genuss

Wenn wir Jugendlichen tatsächlich ein gutes Vorbild geben wollen, bleibt uns nur eins übrig: Die Freude am Leben – auch am Alltag – wiederzuentdecken. Wir wollen es hier gar nicht so hoch aufhängen und von Glück reden. Nennen wir es einfach **Zufriedenheit**. Wenn wir die ausstrahlen, geben wir der jüngeren Generation am ehesten den Anreiz, einen ähnlichen Weg einzuschlagen wie wir. Einen Weg, in dem Routine und Freude parallel zueinander existieren. In dem es immer wieder Oasen gibt, in denen wir die Muße haben, uns an den kleinen Dinge zu erfreuen, die das Leben so bietet. In denen wir zur Ruhe kommen und statt immer nur nach mehr, mehr, mehr zu streben, einfach mal nach dem schauen, was wir schon haben (und zwar zur Abwechslung mal nicht im materiellen Sinne). Und das ist in vielen Fällen gar nicht so wenig.

» Mein Vater war so ein Mensch, der wusste, wie man es sich gut gehen lässt. Er hat viel gearbeitet, war beruflich dauernd unterwegs. Und er hat mir einen Rat mit auf den Weg gegeben, den ich seither immer beherzigt habe: ‚Wenn du irgendwann mal in einer fremden Stadt bist, und du bist müde und abgeschafft, und vielleicht regnet es auch noch, und du hast Heimweh und sehnst dich nach ein bisschen Geborgenheit, dann geh in das beste, luxuriöseste Hotel am Platz und setz dich da in die Lobby. Du brauchst ja nichts Großartiges zu bestellen. Ein Kännchen Tee kannst du dir überall leisten. Egal, was ist, da findest du immer ein gemütliches Sofa. Da ist es

immer warm. Und da ist immer jemand, der dich
umsorgt.' «

Julia H., 52 Jahre, Schriftstellerin

Genuss ist für mich: auf dem Sofa liegen mit einem guten Buch, ein
Tässchen Earl Grey mit etwas Kandis, dazu ein Rippchen zart-
schmelzende Nougat-Schokolade. Draußen Regenwetter. Ich hier
drin, unter meiner warmen Schmusedecke. Eine schnurrende Kat-
ze auf dem Schoß. Ein Stündchen für mich. Mehr nicht.

Und was ist Ihr Genuss?

Extraplanetares Leben: Die Welt der Jugendlichen

Vor ein paar Jahren gab es am Frankfurter Flughafen einen Techno-Club, das »Dorian Gray«. Und dort wurde einmal in der Woche ein Nachmittag speziell für Publikum unter 18 Jahren zu stark verbilligten Eintrittspreisen angeboten. Da in denselben Räumen am gleichen Tag unmittelbar vor dieser Veranstaltung auch eine Cocktail-Schulung stattfand, an der ich teilnahm, bekam ich mit, wie eine ganze Horde durchgestylter Jugendlicher vor dem Eingang Schlange stand. Ein buntes, schillerndes Völkchen, skurrile Frisuren, coole Klamotten, schräge Sonnenbrillen, glitzernde Schuhe ... So wie Jugendliche halt aussehen, wenn sie ausgehen wollen.
Zufällig kam just in diesem Augenblick hinter dem wartenden Jungvolk ein typischer Rentnerclub vorbei, lauter ältere Herrschaften mit Rollköfferchen – die Kleidung im Einheitslook, meist beige bis grau, das Schuhwerk vernünftig mit rutschfester Laufsohle, die Haare brav frisiert, mal straßenköterblond, mal silbergrau, die Blicke strebsam nach vorne gewandt.

Unterschiedlicher
könnten
Menschen
nicht
sein.

Hier die

laut lärmenden,

lachenden,

sich balgenden,

schrillen,

lustigen,

unbeschwerten

Jugendlichen

dort die

zielstrebigen,

betulichen,

wohlgeordneten,

adretten, allzeit

auf gutes Benehmen

und

Unauffälligkeit

bedachten

Senioren

Hätte man einen Trupp Marsmenschen durch die Fußgängerzone einer deutschen Kleinstadt geschickt, der Effekt wäre nicht weniger frappierend gewesen.

Und während die Jungen die Alten überhaupt nicht beachteten, weil sie sie gar nicht bemerkten – so sehr waren sie mit sich und ihrer Vorfreude auf den Nachmittag im Club beschäftigt –, ging der Seniorentrupp naserümpfend auf Abstand. Und ich meine, gesehen zu haben, wie die eine oder andere ältere Dame ihre Handtasche ein wenig fester an sich presste. Man kann ja nie wissen. Diese Jugend von heute!

Jung und alt, das wurde mir in jenem Augenblick klar, haben in unserer Gesellschaft kaum noch Berührungspunkte. Sie leben auf unterschiedlichen Planeten. Sie sehen völlig anders aus, sie haben total verschiedene Interessen, Ziele und Wünsche.

»Moment mal«, werden Sie als Erwachsener »in den besten Jahren« jetzt vielleicht denken. »So alt bin ich nun auch wieder nicht! Bis ich das Rentenalter erreiche, fließt noch jede Menge Wasser den Rhein hinunter. Ich stehe mit beiden Beinen im modernen Leben. In puncto Kleidungsstil und Interessen lebe ich ganz und gar nicht hinter dem Mond. Ich gehe am Wochenende zum Rollerbladen, falle nicht vor Schreck in Ohnmacht, wenn irgendwo

Techno-Musik läuft, kaufe meine Jeans im gleichen Laden wie die Jugendlichen, style meine Haare nicht wie Oma oder Opa und mein Handy ist auch kein Steinzeitmodell. «

Stimmt. Wir leben in einer Zeit, in der Erwachsene immer länger jugendlich bleiben.

» Ich bin 43, aber alt fühle mich überhaupt nicht. Schon allein von meinen Klamotten her ... Ich mag gern schräge Sachen. Bloß nicht null-achtfünfzehn. Früher hatte ich mit meiner Mutter dauernd Zoff wegen meinem Aussehen. Egal, was ich anhatte – ich brauchte bloß morgens zum Frühstück in der Küche zu erscheinen, und schon fing sie an zu meckern. Ich dachte immer: Wenn du mal selber Kinder hast, können die dich nicht provozieren, weil du auf ihrer Seite bist. Das fühlen die doch, wenn du nicht so verknöchert bist. Wenn du auch so tickst wie die. Aber jetzt, wo ich selbst Kinder hab, sehe ich, dass das Quatsch war. Klar können die mich provozieren! Wenn ich meinen Sohn in diesen viel zu weiten Hosen sehe und er oben am Bund auch noch demonstrativ die halben Boxershorts rausschauen lässt, krieg ich die Krise. «

Angelika A., 43, Mutter von Patrick (14)

Jugendliche werden immer einen Weg finden, sich von »den« Erwachsenen abzugrenzen, ganz gleich, ob die nun ewig-gestrig oder ultramodern sind.

Sie müssen es tun.

Sie müssen ihren eigenen Weg finden, ihre eigene Identität.

Wer bin ich?

Was kann ich?

Wozu bin ich da?

Wo will ich hin im Leben?

Das sind die drängenden Fragen dieser Zeit. Und um die Antworten zu finden, müssen Jugendliche erst Mal auf Distanz gehen und alles ausprobieren, was die Generation vor ihnen (im wahrsten Sinne des Wortes) alt aussehen lässt.

Mama läuft in Schlaghosen rum?
Papa gelt sich die Haare?
Sollen sie ruhig!
Dann zieh ich mir halt die Röhrenjeans an. Oder kauf mir 'nen karierten Hausmeisterhut. Ich lass mir die Zunge piercen und den Bauchnabel auch. Leg mir einen Iro zu und färbe ihn giftgrün. Und wenn Oma mir an Weihnachten Geld gibt, dann will ich ein Tattoo am Hals. Damit man es immer schön sieht.

Lassen wir uns nicht auf diesen Wettlauf ein.

Wir können ihn nicht gewinnen!

»Lass mich! Lieb mich!«

Wer neue Kontinente entdecken will, so heißt es in einem Sprichwort, muss zunächst den vertrauten Hafen verlassen. Für Jugendliche bedeutet das auch, all den Menschen den Rücken zu kehren, auf die sie bisher gebaut haben: In erster Linie ist das natürlich die Familie, aber auch manch ein Lehrer, Trainer, Jugendarbeiter wird von dem Sockel gestoßen, auf dem er bisher stand.

Abgrenzung heißt in den allermeisten Fällen: **Streit.**
Der Jugendliche geht auf Konfrontationskurs.
Wie ein Igel fährt er seine **Stacheln** aus.

Und dann kriegt er auf einmal das heulende Elend, weil er so mutterseelenallein dasteht, weil ihm die Geborgenheit fehlt. Das vertraute Nest.

Geh weg!, schreit uns der Jugendliche an.
Und im nächsten Moment: *Komm her!*
Ich hasse dich! *Ich liebe dich!*
Lass mich in Ruh! *Ich brauche dich!*

An einem Tag so ...

... am nächsten Tag so.

Und wir? Wir sind auch keine Übermenschen. Wir haben gerade genug zu tun! Muße? Ein Fremdwort! Ständig schreien irgendwelche Alltagsdinge nach unserer Aufmerksamkeit. Ständig gibt es etwas, das geregelt, geordnet, organisiert sein will. Und ausgerechnet dann, wenn das Geld wieder einmal besonders knapp ist, geht die Waschmaschine kaputt.

Wer wollte es uns verübeln, wenn uns die Eigenwilligkeiten eines Jugendlichen in der Selbstfindungsphase nicht immer ein verständnisvolles Lächeln auf die Lippen zaubern. Wenn wir nicht immer geduldig und pädagogisch korrekt reagieren. Wenn uns der Jugendliche bisweilen tierisch auf die Nerven geht. Wenn es uns zu viel ist, dass er uns mit hineinreißt in die emotionale Achterbahnfahrt seines pubertären Entwicklungsprozesses.

Es ist nicht lustig, dauernd in jeder noch so kleinen Geste und jedem banalen Satz hinterfragt zu werden – und das oft auch noch in aggressivem Tonfall. Es ist nicht witzig, wenn auf einmal das eigene Wort gar nichts mehr gilt, sondern nur noch zählt, was die Freunde sagen.

Es macht keinen Spaß, verstoßen zu werden.

Es gibt kein Patentrezept, das es uns ermöglichen würde, diese Zeit reibungslos zu gestalten. **Reibungslosigkeit** ist ja gerade das, was **nicht gefragt** ist. Nur durch Reibung spüren Jugendliche, wo ihre und unsere Grenzen sind. Reibung markiert gewissermaßen die Demarkationslinie.

So weit ist der Erwachsene zu gehen bereit.
Bis hierher kann er folgen.
Jenseits der Linie ist Niemandsland.
Da sind die Jugendlichen raus
aus dem starren Regelkorsett von Eltern, Schule, Gesellschaft.
Da sind sie unter sich und können sich ausprobieren.

Fragen wir lieber, was wir brauchen, um das Ganze für beide Seiten erträglich zu machen.

Erwachsene brauchen **Oasen**, in denen sie ihr eigenes Leben leben können

Oasen der Ruhe und Entspannung

Oasen für Zeit mit Freunden

Jugendliche brauchen ihr eigenes **Revier**
Ein eigenes Zimmer, eigene Rituale, Schätze und Geheimnisse – Jugendliche brauchen einen Bereich, der für alle anderen tabu ist. Auch wenn es uns Erwachsenen bisweilen schwerfällt: Wir müssen nicht alles wissen, was sich in ihrem Leben abspielt. Wenn wir ihnen diesen Freiraum nicht freiwillig geben, werden sie ihn sich erkämpfen. Wenn wir die Grenzen dieses Reviers unerlaubt überschreiten, dann knallt's!

Oasen außerhalb des Alltags zum Alleinsein, Nachdenken, Insichgehen

Oasen für Zeit mit anderen, weniger komplizierten Kindern

Oasen, um zu tun, was man will – egal, ob Action oder Dolcefarniente

Oasen für Zeit mit dem Partner (oder dafür, auf Partnersuche zu gehen)

Streitthema Geld

Stellen wir uns vor, Sie haben sich Ihre Oasen geschaffen. Im Augenblick zum Beispiel. Da sitzen Sie gemütlich am Küchentisch und genießen ganz für sich allein ein Tässchen Kaffee. Niemand sonst ist da, was für eine herrliche Stille! Sie atmen tief durch und greifen dann nach der Post, die vor Ihnen auf dem Tisch liegt. Eine Postkarte von Tante Klara. Ein Werbebrief für eine ultramoderne Heizdecke. Und ... die Telefonrechnung. Als Sie den Betrag lesen, katapultiert es Sie schlagartig aus der Oase heraus. Der kalte Schweiß tritt Ihnen auf die Stirn und Ihr Herz fängt an zu rasen. 873 Euro. Ihr Sohn hat bei »9Live« – irgend so einem Fernsehsender, von dem Sie bis dahin noch nie gehört haben – bei einem Quiz mitgemacht und um durchzukommen, offenbar hunderte Male die gebührenpflichtige 0190er-Nummer gewählt. Summa summarum 804,32 €.

Eine der häufigsten **Konfliktquellen** der modernen Zeit: dass Jugendliche eigene **Konsumwünsche** haben, die ihr (wenn überhaupt vorhandenes) Einkommen um ein Vielfaches übersteigen.

Könnte gut sein, dass Sie in diesem Augenblick das Gefühl haben, Sie hätten ein überdimensionales, unersättliches Kuckuckskind im Nest, das Sie völlig ausplündert. Und Sie sind müde. Einfach nur müde.

Sie wissen, dass ein Jugendlicher Vertrauen, Zuwendung, Anerkennung, Bestätigung braucht. Dass Sie ihn loben sollten. Aber wer zahlt jetzt diese Rechnung?!

> » Eigentlich kann ich's mir ja nicht leisten. Aber ich habe das Gefühl, ich muss meiner Tochter laufend Geld zustecken. Wenn ich das nicht mache, klaut sie sich, was sie braucht. «

Joachim R., Vater von Melanie (13)
(Schulschwänzerin, Partydrogen)

» Ich arbeite ganztags als Einzelhandelskauffrau in einem Drogeriemarkt. Am Wochenende bediene ich in einer Bar und seit letztem Monat mache ich zweimal pro Woche nach Feierabend einer älteren Dame den Haushalt. Wenn ich nach Hause komme, fülle ich die Waschmaschine, hauptsächlich mit den unendlich vielen Klamotten meiner Tochter, beseitige das übliche Chaos im Wohnzimmer, das sie mit ihren Freundinnen täglich hinterlässt. Und wenn ich dann in die Küche komme, um mir was zu essen zu machen, räume ich die Spülmaschine erst aus und dann wieder ein. Aber wenn es mich manchmal nervt und mir alles zu viel wird, dann sage ich mir: Ich hab ja nur dieses eine Kind. In meiner Kindheit ist für mich nie jemand dagewesen. Ich war die Älteste und musste dauernd auf meine Geschwister aufpassen. Sofie soll es besser haben als ich und so lange es geht Kind bleiben. Sie ist doch erst 15 ... Und wenn sie schon so viel allein ist, dann soll es ihr wenigstens gut gehen. Klar, die Schuhe, die sie will, sind teuer. Mir selbst würde ich doch nie ein Paar Schuhe für 200 € kaufen! Aber wenn sie sich doch so freut! Ich selbst hab doch nie gekriegt, was ich wollte. Ich weiß, wie bitter das für mich war. Solange ich zwei gesunde Hände habe und arbeiten kann, soll meine Kleine es gut bei mir haben. «

Serafina T., 37, 3 Jobs und eine 15-jährige Tochter

Vielleicht würde ein bisschen mehr gemeinsame Zeit den beiden guttun? Zeit zum gegenseitigen Kennenlernen, damit jede von der anderen erfährt, wie es in ihrem Leben aussieht. Womöglich weiß Sofie gar nicht, wie sehr sich ihre Mutter abstrampelt, um ihr ihre materiellen Wünsche zu erfüllen. Alles zu bekommen, ist für sie die Normalität.

Ob wir unseren Kindern freiwillig jeden Luxus erfüllen oder zähneknirschend (und unter Vereinbarung von taschengeldkompatiblen Rückzahlungsraten) wie beim Beispiel mit der Telefonrechnung – solange wir nicht offen darüber reden, wie unsere finanzielle Situation aussieht, können sie gar nicht mit uns an einem Strang ziehen. Natürlich nehmen sie, was sie kriegen können. Natürlich sind sie unersättlich. Aber Unmenschen sind sie nicht. Man kann mit ihnen sprechen.

Jugendliche müssen wissen, welche finanziellen Möglichkeiten ihre Eltern ihnen bieten können. Über dieses Thema muss offen geredet werden. Nicht im Streit. Einfach so. Ganz sachlich. Jugendliche wollen erwachsen sein. Sie wollen für voll genommen werden. Wir finden darum, dass sie ein **Budget** brauchen, das sie selbst verwalten und für das sie wie ein Erwachsener verantwortlich sind. Dann wissen sie: Soundsoviel habe ich im Monat zur Verfügung – nicht nur für Freizeitaktivitäten, sondern für alle Ausgaben, die sie haben.

Ein solches Budget zu erstellen, ist mit einem gewissen Aufwand verbunden, weil man erst einmal über einen gewissen Zeitraum gemeinsam schauen muss, welche Kosten tatsächlich anfallen: Was sind die Fixkosten für die Schule? Was wird für Kleidung ausgegeben? Wie viel Taschengeld hat der Jugendliche momentan zur freien Verfügung? Und so weiter ...

Aus diesen Einzelbeträgen wird dann ein monatlicher Gesamtbetrag errechnet, der sowieso ausgegeben würde, egal ob von den Eltern direkt oder über den Umweg des Budgets. Manche Beträge sind dabei zweckgebunden (zum Beispiel der Beitrag für den Fußballverein). Andere können nach Belieben verwendet werden.

Was das Budget bringt: Jetzt ist der Jugendliche selbst verantwortlich.

Am Anfang wird womöglich nicht alles problemlos laufen. Es gibt junge Leute, die entdecken jetzt ihren Geiz und leisten sich gar nichts mehr. Und wenn sie im Winter noch so sehr frieren, eine Jacke kaufen sie sich nicht! Andere sind eher so veranlagt, dass das Monatsbudget nur ein paar Tage reicht.

Darum ist es wichtig, den Jugendlichen in der »Umstellungsphase« zu begleiten. Und konsequent zu bleiben. Verhungern wird er nicht, Essen kriegt er ja. Und ein Dach über dem Kopf hat er auch. Aus Fehlern lernt man.
Und irgendwann muss der Jugendliche es sowieso lernen. Spätestens, wenn er seinen ersten eigenen Lohn bekommt.

Das Streitthema Geld?

Wenn Sie Glück haben, könnte es mit dieser Methode bald Schnee von gestern sein.

Herkules wäre zusammengebrochen ...

Es ist schon nicht leicht, so ein Erwachsenenleben. Da rackern und mühen wir uns ab, um in Familie und Beruf den Laden am Laufen zu halten. Und wer dankt es uns? Niemand!

Nur die Jugendlichen scheinen alle Zeit der Welt zu haben. Vokabeln lernen?
Zimmer aufräumen??
Zeitungen austragen, um das Taschengeld aufzubessern???
Im Haushalt helfen????
Zugegeben, es gibt auch unter Jugendlichen Ausnahmeerscheinungen, die allzeit emsig, höflich und strebsam sich bemühen. Aber die Mehrheit hängt ab. Vor dem Fernseher. Mit der Clique auf der mit Graffiti beschmierten, halb verrotteten Parkbank am Spielplatz. Im Schwimmbad. Im Park. An der Straßenbahnhaltestelle ...
(Oder sehen wir immer nur die, die abhängen?)

So viel Ruhe und Gelassenheit im Angesicht der hektischen Betriebsamkeit in unserer Leistungsgesellschaft – da könnte man schon neidisch werden.
Wenn da nicht Nico wäre. Und Tausende anderer Mädchen und Jungen, die in einer ähnlichen Situation sind wie er.

Nico besucht die 8. Klasse eines Frankfurter Gymnasiums. 3. Stunde. Geschichte.
Schon am frühen Morgen gab es Stress mit den Eltern, weil er wieder mal schlecht aus dem Bett gekommen ist. Außerdem hat seine Freundin am Tag zuvor in der kleinen Pause mit ihm Schluss gemacht. Sie geht jetzt mit Heiko aus der Parallelklasse. Ist ihm doch egal! Er findet Sabine sowieso besser. Es ist Hochsommer, und sie sitzt mit ihren »geilen Titten« im Trägertop vor ihm in der Reihe. Der Anblick ihres freizügigen Dekolletés trägt nicht gerade zu seiner Aufmerksamkeit bei. Geschichte. Darauf hat er sowieso keinen Bock. Lauter blöde Zahlen, die man eh nie wieder braucht. Interessiert doch kein Schwein, der Scheiß.
Ali, der neben ihm sitzt, ist gerade dabei, mit seinem Handy auf Video aufzuzeichnen, wie sich der Streber mit seinen oberpeinlichen Klamotten vorne an der Tafel wichtig macht und sich bei der Lehrerin einschleimt. Martin aus der ersten Reihe zielt mit dem Spuckröhrchen auf ihn, und es kleben bereits mehrere kleine Papierkügelchen an seinem Pulli. Nico freut sich schon, sich nach der Schule mit seiner Gang das Video reinzuziehen und sich darüber kaputtzulachen und dabei das Kippchen zu rauchen, das er sich morgens noch schnell bei seiner Mutter aus der Schachtel geklaut hat. (Und insgeheim ist er auch ziemlich froh darüber, dass er zu den

Coolen gehört und niemand auf IHM rumhackt.)
Gerade beugt sich Sabine vornüber, um ihr Feder-
mäppchen aus ihrem Rucksack zu holen. Und ausgerechnet in diesem Augenblick ruft die Lehrerin
seinen Namen auf. Nico soll irgendeine blöde
Frage beantworten. Wenn er nur wüsste, welche.
Shit! Wenn er bloß zugehört hätte. Noch eine 5
kann er sich nicht leisten, sonst kriegt er voll
den Ärger ...
Nach Geschichte hat er Deutsch. Sie schreiben
einen Grammatiktest. Ätzend!
Nach Deutsch hat er Mathe. Da kriegen sie eine
Arbeit zurück. Er rechnet mit dem Schlimmsten.
Nach Mathe hat er Sport. Wenigstens eine Sache,
die ihm liegt. (Und außerdem freut er sich auf
Sabines hüpfende Möpse.)
Am Nachmittag will ihn seine Mutter zum Zahnarzt
schleifen. Daran will er gar nicht denken.
Und dann muss er noch pauken für die Englischar-
beit. Drei Seiten Vokabeln auswendig lernen.
Ohne Worte.

> frei wiedergegeben nach einem Interview mit Nico,
> 14 Jahre

Nico braucht nicht
wie Herkules den Himmel
auf den Schultern zu tragen

aber

unter der Last dessen,
was er an einem einzigen Tag
unter einen Hut zu bringen hat,
wäre der Held der griechischen Mythologie
trotz seiner legendären Stärke
zusammengebrochen.

Womit wir wieder beim Thema Drogen wären: Ob Alkohol oder illegale Substanzen – berauscht oder bekifft kann man den Druck vergessen. Man spürt ihn einfach nicht mehr.

Entwicklungsaufgaben im Jugendalter

Ablösung: Unabhängigkeit vom Elternhaus und anderen erwachsenen Bezugspersonen gewinnen.

Beruf: Sich überlegen, was man werden will und dafür können/lernen muss.

Beziehung: Intime Beziehungen zum anderen Geschlecht aufnehmen.

Familie/ Eigene Vorstellungen von Familie und
Partnerschaft: Partnerschaft entwickeln.

Freunde: Sich eine Clique oder einen Freundeskreis schaffen, d.h. zu Altersgenossen beiderlei Geschlechts tragfähige Beziehungen aufbauen.

Identität: Sich selbst kennen lernen und herausfinden, wie andere einen sehen.

Körper: Mit den Veränderungen des Körpers und des Aussehens fertig werden.

Perspektiven: Sein Leben planen und sich eigene Ziele für die Zukunft setzen.

Rolle: In die gesellschaftlich geprägte Rolle als Frau/Mann hineinwachsen und entsprechende Verhaltensweisen entwickeln.

Weltanschauung: Werte und Prinzipien entwickeln, an denen das eigene Handeln ausgerichtet sein soll.

nach Oerter und Dreher in R. Oerter, L. Montada (Hrsg.): *Entwicklungspsychologie*. Beltz Verlag, Weinheim, 2002. Mit frdl. Genehmigung

Jungen sind anders, Mädchen auch

Jungen sollen männlich sein. *Nach dem in der Werbung propagierten und unter Jugendlichen allgemein akzeptierten Bild heißt das: attraktiv und gut gebaut sein, gestylt, durchtrainiert und mit dem neuesten technischen Equipment ausgestattet. Der Selbstwert hängt zum Großteil davon ab, wie viel Anerkennung man mit seinem äußeren Erscheinungsbild kriegen kann.*

Nach den gängigen Vorstellungen muss ein Mann stets rational reagieren. Er darf bloß nicht so gefühlsduselig sein wie die Frauen, muss stets unabhängig von anderen Menschen sein und in jeder Situation gut allein zurechtkommen. Zudem soll er immer alles unter Kontrolle haben und darf sich von niemandem was sagen lassen. Und irgendwann soll er auch noch einen guten Job haben, der ihm nicht nur Prestige, sondern auch jede Menge Geld einbringt.

Und wenn ich doch mal Angst vor was hab????

Dann pfeif ich mir was ein!

Und in der Liebe? Da sollen Jungen die Männlichkeit neu erfinden. »Ernährer der Familie« *oder* »Beschützer« *waren Männer früher. Aber Vorbilder für ein positives, modernes Männerbild? Hmmm. Mangelware! Zumal Jungen heutzutage so gut wie nur von Frauen erzogen werden. Was Mannsein heißt, erfahren die meisten von ihnen in Cliquen, Gangs, Vereinen ...*

Mädchen brauchen nur die Augen aufzumachen, um zu sehen, wie eng Attraktivität und Erfolg miteinander verknüpft sind. Darum sind sie ständig mit der Optimierung ihres Körpers beschäftigt. Wichtigstes Ziel: dem Blick von außen standzuhalten.

Misserfolge bei den Bemühungen, dem weiblichen Idealbild zu entsprechen, hinterlassen ein Gefühl des ständigen Versagens. Mangelndes Selbstvertrauen, geringes Selbstwertgefühl und Zweifel an den eigenen Fähigkeiten dürfen jedoch auf keinen Fall gezeigt werden! Selbstbewusst und unkompliziert rüberkommen, heißt die Devise. Aber wer nicht an sich glaubt, ist umso dringender auf Anerkennung durch andere angewiesen.

Wenn Paris Hilton und Amy Winehouse auf Sauftour gehen, muss das cool sein! Dann mach ich das auch!

Fremdwahrnehmung wird zur Selbstwahrnehmung: Ich bin, was andere in mir sehen.

Rollenvorbilder sind nicht die Frauen in der normalen Welt, sondern die Schönen, Reichen und Prominenten, die sich jeden Luxus leisten können – wenn's sein muss auch einen Chirurgen, der den Körper nach dem Idealbild ummodelliert.

Mädchen wollen die totale Idylle und Harmonie – und da passen sie selbst nur als schöne Frauen hinein.

In Bezug auf den Konsum legaler Substanzen wie **Tabak** und **Alkohol** hat sich das Konsumverhalten beider Geschlechter inzwischen **stark angeglichen**. Mädchen nehmen sich heutzutage offenbar eher die Freiheit, Rauscherfahrungen auszuprobieren, die früher als »typisch männlich« galten. Im Bereich der **illegalen Drogen** gibt es aber noch immer **Unterschiede**. Dass mehr Jungen als Mädchen Cannabis und andere Substanzen konsumieren, erklären Fachleute damit, dass Mädchen offenbar (noch) stärker an gesellschaftliche Normen gebunden sind und deshalb eher vor illegalen Handlungen zurückschrecken.

Migrationshintergrund: Entwurzelt und ins Aus gestellt

Und was ist mit Jugendlichen, die nicht aus Deutschland stammen? Deren Wurzeln etwa im türkisch-arabischen Raum oder in den ehemaligen GUS-Staaten liegen? Auf ihnen liegt nicht nur die Last des Erwachsenwerdens, sie sitzen auch noch zwischen den Stühlen ihrer Heimat Westeuropa und der Heimat ihrer Eltern.
Migration ist mehr als nur ein Ortswechsel: Sie ist wie ein Sprung in eine andere Kultur und Gesellschaft, in der Fremde nicht unbedingt jedem willkommen sind. Kein Wunder, wenn sie sich zerrissen fühlen, und zwar noch stärker als ihre Eltern, die sich ihre Traditionen und Vorstellungen durch den Kontakt mit ebenfalls hier lebenden Landsleuten oft bewahren können.
Wenn es nach dem Willen vieler Eltern geht, sollen die Jugendlichen auch hierzulande »nach alter Väter Sitte« leben. Andererseits reizt sie die freie, moderne Lebensart, die hierzulande üblich ist. Wie sie sich auch drehen und wenden: Sie können es keinem recht machen – noch nicht einmal sich selbst.
Es gibt hier keine Lösungen, die wir aus dem Ärmel schütteln könnten. Aber wie schon am Anfang des Buches laden wir Sie an dieser Stelle noch einmal ein, für ein Weilchen in den Mokassins auch dieser Jugendlichen zu laufen ...

Wie fühlt sich ein Jugendlicher aus einer Migrantenfamilie, wenn nach der Straftat einzelner brutaler Jungkrimineller von Politikern für Ausländer generell ein verschärftes Jugendstrafrecht gefordert wird? Lieber gar nicht darüber nachdenken! Könnte sich manch einer sagen. Und mit Alkohol oder anderen Substanzen seinen Schmerz betäuben.

Junge Migranten tragen nicht nur die Last des Erwachsenwerdens. Sie müssen sehr viel mehr aushalten:

+++
+++ sprachliche Verständigungsprobleme +++ Entwurzelungsgefühle +++ Verlust von gewohnten Rollenbildern +++ verschärfte Generationenkonflikte +++ verstärkte Identitätskrisen durch fehlende Vorbilder in der neuen Heimat +++ der Eindruck, weder im einen noch im anderen Land zu Hause zu sein +++ innerfamiliäre Zerreißproben durch das Aufeinanderprallen unterschiedlicher Kulturen +++ oft problematische, stark beengte Wohnsituation +++ Diskriminierung durch Gleichaltrige +++ schlechte Chancen auf dem Arbeitsmarkt +++ Zurückweisung durch die Gesellschaft +++ unsichere Zukunft +++
++

Der Druck von außen schweißt jugendliche Landsleute zusammen. Wenn sie Unterstützung zu erwarten haben, wenn sie jemand versteht, dann sind es die Leute, die sie in ihrer Clique finden. Sie sind schließlich alle in der gleichen Situation. Gemeinsam sind sie stark. In dieser Wagenburg sind absolute Solidarität und Verschwiegenheit Ehrensache.

Genauso, wie es innerhalb Deutschlands zum Beispiel beim Alkohol bestimmte regionale Vorlieben gibt, ist es auch in den Herkunftsländern der Migranten: Bei Russland-Deutschen besteht z.B. eine verstärkte Neigung zu Alkohol und Heroin, während im afghanisch-arabischen Raum eher Haschisch konsumiert wird. Sucht liegt jedoch in den Lebensumständen begründet und **nicht in der**

Nationalität.

Jeder Mensch hat seine Art, mit Problemen umzugehen. Wer sich ausgegrenzt fühlt oder in seinem Umfeld einen Konflikt nach dem anderen auszutragen hat, für den könnte es schon naheliegen, nach Alkohol oder Drogen zu greifen. Natürlich soll das nicht heißen, dass in den Cliquen junger Migranten generell illegale Substanzen konsumiert würden. Und Alkohol ist gerade bei vielen islamischen Jugendlichen sowieso tabu. Aber wenn konsumiert wird, dann macht man es gemeinsam und ohne jedes Schuldbewusstsein. Denn die Gemeinschaft schreibt das Gesetz. Und die Gemeinschaft hat's erlaubt.

Bloß nicht auffallen: Die Clique

Ganz gleich, wo Jugendliche ihre Wurzeln haben, dies ist ihnen gemeinsam:
Einerseits wollen sie sich abheben – von den Erwachsenen! Andererseits setzen sie unter Gleichaltrigen – vor allem innerhalb der eigenen Clique – alles daran, sich eben nicht abzuheben. Hier wollen sie unbedingt so sein wie alle anderen auch. Hier gilt die Devise: bloß nicht (negativ) auffallen.

» Wir können uns immer aufeinander verlassen, meine Jungs und ich. Wenn einer Trouble hat, sind alle anderen mit dabei. Letztens war da so ein Schmock, der hat mich dumm angemacht. Das lass ich mir nicht gefallen. Ich hab ihm gleich eine verpasst. Ich muss mir ja Respekt verschaffen. Am nächsten Tag vor der Schule stand er mit seinen Jungs da und hat auf mich gewartet. Kein Problem für uns! Wir sind raus und haben's denen gezeigt. Klar, die eine oder andere hab ich auch

kassiert. Aber wer austeilen kann, muss auch ein-
stecken können. Scheiße ist nur, dass wir jetzt
alle einen Verweis gekriegt haben. Oh, Mann, mein
Vater ... Der peilt doch gar nix. Wie soll ich
dem das bloß erklären? Aber egal. Wenn er rum-
stresst, geh ich halt raus zu meinen Jungs. «

Sergeij, 15 Jahre

Die Geschichte von Sergeij zeigt: Was uns Erwachsenen negativ
auffällt, kommt in der Clique so gut wie immer positiv an. Und was
wir positiv finden – das ist nur eines:

uncool!

Die Eltern sagen entsetzt:
»Was – du willst dir die Zunge piercen lassen??!!«
»Willst du etwa sooo zum Bewerbungsgespräch gehen?!«
»Kind, iss doch was Anständiges! Du kannst dich doch nicht nur
von Pommes und Hamburgern ernähren!«
»Räum doch mal dein Zimmer auf! Wie kannst du in diesem Cha-
os leben? Zieh doch mal die Rollläden hoch und lass ein bisschen
Licht rein. Und lüfte mal kräftig!«
»Wie kannst du nur diese schreckliche Musik anhören? Und das
noch in der Lautstärke!«
»Müsst ihr schon wieder mit dem Handy telefonieren? Ihr habt
euch doch eben erst gesehen!«
»Du hängst den ganzen Tag am Computer. Geh doch mal an die
frische Luft!«
»Nimm dir ein Pausenbrot mit!«
»Steig mir nicht ohne Helm aufs Rad.«

Der Jugendliche schreit:
»Es reicht! Lass mich! Ich geh zu meinen Kumpels. Ich geh zu
meinen Freundinnen. Die nerven mich nicht so!«
Die Freunde machen keinen Druck. Sie geben Halt, Bestätigung,
Geborgenheit. Sie machen stark. Ob ein Freund oder eine ganze

Clique – mit der Abkehr von den Eltern findet der Jugendliche hier, unter Gleichaltrigen, seine Bezugspersonen. Hier gehört er dazu. Hier testet er seine Grenzen aus. Hier lernt er, seine Rolle zu finden, seine Identität. Dies ist sein Revier, das er, wenn's sein muss, gegen Übergriffe von Erwachsenen vehement verteidigt. Auf seine Freunde, seine Clique, lässt er nichts kommen. Nirgends fühlt er sich so verstanden. Hier haben (fast) alle die gleichen Probleme. Und hier findet er immer jemanden, mit dem er über seine Sorgen und Nöte reden kann.

» Immer, wenn ich meine Eltern sehe, sind sie am
Streiten. Ich weiß gar nicht, worum's eigentlich
geht. Und wenn ich sie drauf anspreche, sagen
sie: ‚Wir diskutieren doch nur, wir streiten
nicht.' Der Scheiß hängt mir voll zum Hals raus.
Da kann man doch nur abgefuckt sein! Wenigstens
hab ich meine Freunde. Die sind immer für mich da.
Egal, was ist. Ich kann immer zu ihnen gehen.
WIR sind halt eine Familie. Meine Alten können
mich mal. Die sehen mich eh nicht mehr. Die
sehen nur noch sich und ihren Scheiß-Streit! «

Sabine, 14 Jahre, Punk

Schwierig wird's für die, die nicht dazugehören, die Außenseiter. Denn die bekommen mitunter die ganze Macht der Gruppe zu spüren: Es kann zu Repressionen, Hänseleien oder sogar Erpressungen kommen.

» Wie machen die das eigentlich? Die sehen immer
gut aus! Haben immer coole Klamotten an! Und mir
kommt's so vor, dass jede Bewegung und jedes
Wort perfekt ist. Die sehen aus wie bei Viva
oder MTV. Warum bin ich nicht so? Warum hab ich
nicht auch so 'ne geile Figur. Egal, was ich
mach, ich werd nie so sein wie die. Ach, Mann!
Das Leben ist Scheiße! Ich bin um jeden Tag froh,

wenn sie mich übersehen und nicht auf mir rumha-
cken. Irgendwie kann ich's auch verstehen. Ich
hab eben keine coolen Klamotten und seh nicht so
toll aus wie die. Ich bin fett und hässlich.
Wenigstens bin ich nicht ganz alleine. Ich hab
immerhin die Sevgi. Sie versteht mich. Sie hat
auch keine Modelfigur. Wir halten zusammen,
egal, was kommt. Aber leider ist die nicht in
meiner Schule. Da bin ich halt immer allein. «

Tülay, 12 Jahre, Normalgewicht

In einer Zeit, in der sich Jugendliche immer weniger an den Erwachsenen und immer mehr an den Gleichaltrigen orientieren, ist
Tülays Situation kein Einzelfall. Denn die, die sie so grenzenlos be-
wundert, fühlen sich selbst minderwertig. Es gibt immer mehr
Mädchen – und mittlerweile eine steigende Zahl von Jungen -, die
unzufrieden mit sich selbst und ihrem Körper sind. Ist es da nicht
verständlich, wenn sich Jugendliche in Computerspielen als Ich-
Ersatz einen perfekten Avatar zulegen, einen künstlichen Stellver-
treter, um wenigstens in der virtuellen Welt das Gefühl zu erleben,
auch mal toll dazustehen? Ist nicht die Versuchung groß, Drogen
zu nehmen? Drogen, die einen gleichgültig machen, die einen alles
vergessen lassen oder einem – und sei's für kurze Zeit – das Gefühl
geben, toll zu sein, unschlagbar, attraktiv – eben genau wie bei Viva
und MTV?
In einer Heidelberger Studie wurden 2005 über 6.000 Jugendliche
der 9. Jahrgangsstufe quer durch alle Schularten unter anderem
nach ihren tatsächlichen körperlichen Merkmalen (Gewicht, Grö-
ße und BMI) und ihrem Körperbild befragt. Das Ergebnis: Obwohl nur 10,8% der Mädchen und 13% der Jungen tatsächlich
übergewichtig waren, fühlte sich fast die Hälfte aller Mädchen
(47%) zu dick. Bei den Jungen waren es »nur« 22%.*

---

* Quelle:»Gesundheitsbericht Rhein-Neckar-Kreis/Heidelberg, Band 3: Lebenssituation und Verhalten von Jugendlichen, J. Haffner, J. Roos, R. Stehen, P. Par-
zer, M. Klett und F. Resch. Download unter www.rhein-neckar-kreis.de/servlet/
PB/show/1599900/Jugendgesundheitsstudie2005.pdf

Wo der Bär rockt und der Punk abgeht: Verschiedene »Szenen«

Auf der Suche nach ihrer eigenen Identität schließen sich Jugendliche oft in Szenen zusammen, die für eine gemeinsame Musikrichtung, einen Kleidungsstil und ein bestimmtes Lebensmotto stehen. Hier trägt man »Uniform« und bleibt unter sich. Leute aus anderen Szenen findet man blöd. So ist es zum Beispiel in der Hiphop-Szene absolut verpönt, wie ein Punk herumzulaufen. »Punk« ist hier sogar ein Schimpfwort. Bei den Techno-Leuten gelten hingegen Hiphopper als oberflächliche, brutale Typen, die gern schon einmal draufschlagen. Die Feierszene ihrerseits gilt unter den Hip-Hoppern als ein Haufen Junkies und Verrückte, als »abgespacete« Freaks.

> Nicht jeder Jugendliche, der Techno hört, nimmt auch Partydrogen. Aber wenn er seine Wochenenden in den einschlägigen Clubs verbringt und sich gleichzeitig die Schwierigkeiten in seinem Alltag häufen, lohnt es sich, es zumindest in Erwägung zu ziehen.

Die Punks, die ja selbst auch gerne herumhängen und alles Schräge lieben, haben dagegen durchaus Berührungspunkte mit der Feierszene.

In jüngster Zeit ist allerdings eine zunehmende Vermischung der Szenen festzustellen: Die »Techno-Kultur« ist inzwischen so sehr im Mainstream angekommen und die großen Techno-Clubs mit ihren noblen Lounges, VIP-Bereichen usw. sind so angesagt, dass sie zu wahren Publikumsmagneten geworden sind. Nicht nur Jugendliche querbeet durch die Szenen finden solche Locations hip. Auch so mancher gutverdienende Juppie jenseits der dreißig sucht hier nach Entspannung und Unterhaltung. Hier zu sein, ist in. Alle kommen hierher. Und alle tanzen gemeinsam zu Techno-Beats. Für diese kurze Zeit regiert die Musik. Und vor der sind alle gleich.

Szenewechsel.

Berlin. Wir sind in die Hauptstadt gekommen, um Jugendliche zu treffen. Lina ist allein zu einem Interview unterwegs, und ich warte auf sie. Ich sitze auf einem Mäuerchen an der Gedächtniskirche. Auf den Stufen hocken Jugendliche – nicht die angepassten. Die hier sehen so aus, als hätten sie kein Dach über dem Kopf. Ein Schäferhund und mehrere Promenadenmischungen scheinen auch mit dazuzugehören. Es sieht so aus, als hätten sich die Leute hier häuslich eingerichtet. Sie scheinen hier zu leben. Ein paar der jungen Leute versuchen, die Passanten anzuschnorren. Bierflaschen machen die Runde – und mit meinem von Lina geschulten Auge meine ich, auch den einen oder anderen Joint kreisen zu sehen. Ein Junge mit einem Irokesenschnitt und ausgefransten, völlig verdreckten Hosen und Springerstiefeln führt das große Wort und bringt die anderen immer wieder zum Lachen. Ein Mädel sitzt etwas abseits mit geschlossenen Augen da, schmust mit dem Hund und genießt einfach nur das Bad in der Sonne. Irgendjemand macht Musik. Die Luft ist lau, die Stimmung entspannt.

Klar ist mir in dem Moment bewusst, dass dieser Lebensstil ungesund ist. Klar fangen die Probleme spätestens dann an, wenn das Wetter nicht mehr so schön ist; wenn es Zeit wird, ein Quartier für die Nacht zu suchen. Klar ist auch Verelendung mit im Spiel.

Aber trotzdem: Beim Anblick dieser Szene verspüre ich eine Spur von Wehmut ... Wann habe ich als Erwachsene schon einmal Gelegenheit, so unbeschwert zu sein?

1968: Schnee von gestern?

Während der Arbeit an diesem Buch haben wir mit vielen Erwachsenen gesprochen, die sich allgemein große Sorgen über die Zukunft »der Jugend« machen. Medien-Reportagen über schwindende Chancen Jugendlicher auf dem Arbeitsmarkt schüren ebenso Ängste wie Berichte über Koma-Saufen, Flatrate-Partys, Trinkexzesse unter minderjährigen Mädchen oder riskante Drogenabenteuer in der Clubszene. Das Gefühl, dass es da mit einer ganzen Generation bergab geht, ist weit verbreitet. Andererseits sind wir immer wieder auch Leuten wie Hansjürgen N. begegnet:

» Wenn ich das schon höre, dieses Geschwätz, dass die Jugend den Bach runtergeht ... So haben schon unsere Eltern geredet, so reden die, die heute erwachsen sind, und wenn die Jungen irgendwann selbst Kinder haben, werden sie auch so reden. Das ist doch in jeder Generation das Gleiche. Immer dieselbe Leier. Klar müssen junge Leute flippig sein! Natürlich müssen sie sich ausprobieren! Ist doch normal, wenn die ab und zu mal einen drauf machen und einen durchziehen. Haben wir doch auch gemacht! Wir haben auch gekifft und haben auch gesoffen. Und trotzdem ist was aus uns geworden. Mal ganz im Ernst: Das mit dem Rauchen und dem Alkohol ist heute nicht schlimmer als damals. Man braucht sich doch nur die alten Fernsehkrimis anzugucken. Was da gequalmt wurde! Und wenn der Fall aufgeklärt war, dann wurde erst mal ein doppelter Cognac gekippt. Da sieht man, wie salonfähig das damals war. Heute ist so was doch total verpönt. «

Hansjürgen N., 58 Jahre, Vater von Mareike (13) und
Jon (9), war als Jugendlicher »selbst kein Heiliger«

Ist das wirklich so? Machen wir uns Sorgen um unsere Kinder, weil sich Erwachsene nun einmal diese Sorgen machen? Kommen wir einfach nur mit der gesellschaftlichen Entwicklung nicht mit und steigern uns deshalb – wie andere Generationen vor uns – in eine Art Hysterie hinein? Nachdem wir in diesem Kapitel schon ein gutes Stück in den Mokassins der heutigen Jugendlichen gelaufen sind, scheint es uns jetzt an der Zeit, noch einmal in unsere alten Jesuslatschen von damals zu schlüpfen. Wie war das, als wir jung waren? Was ging in unseren Cliquen ab? Gehörten wir eher zu den Braven oder zu den Aufmüpfigen? Zwischen Lina und mir gab es gerade in diesem Zusammenhang jede Menge auszutauschen, und in unseren »gemischten« Gesprächsrunden mit Jugendlichen und Erwachsenen ging es bei diesem Thema immer besonders lebhaft zu. Wie war das damals? Wie ist das heute? Vielleicht finden Sie eine Gelegenheit, sich mit Jugendlichen in Ihrem Umfeld darüber zu unterhalten. Ganz sicher finden Sie dabei noch mehr Unterschiede als die, die uns besonders aufgefallen sind.

» Bei jeder Gelegenheit sind wir zum 'Stiefel trinken' gegangen. Damals gab es noch reine Jungenschulen, und meistens trat die komplette Klasse zu diesen Saufgelagen an. Wenn ein Neuer dazukam, der das noch nie gemacht hatte, wusste der natürlich nicht, dass er die Stiefel- spitze nach unten halten muss. Wenn sie nach oben zeigt, sammelt sich da die Luft, und wenn die rausblub- bert, bekommt man das ganze Bier über. Jedes Mal, wenn

»Meine Kumpels und ich feiern am Wochenende immer und da saufen wir dann immer Wodka ohne Ende. Mit O-Saft oder Red Bull. Was wir grade haben. Manchmal tun wir uns auch so'n Tütchen Brausepulver auf die Zunge und kippen da den Alk drauf. Das knallt noch schneller.«

Nessi A., 14 Jahre

Unsere Frage: »*Aber du bist doch noch zu jung, um Alkohol zu kaufen*« *beantwortet Nessi mit einem milden Lächeln:* »*Noch nie was von großen Schwestern gehört?*«

das passiert ist, herrschte bei uns anderen natürlich großes Gegröle! Bezahlen musste immer der Vorletzte, und so hat jeder genau dosiert, wie groß sein Schluck sein musste. Am Anfang hat man eher genippt, aber kurz vor Ende hat dann jeder gekippt, was reinging. Klar, dass dabei ab und zu jemandem schlecht wurde, bei so viel Bier. Die, die den großen Rest in sich reingeschüttet haben, sind dann auch schon mal zum Kotzen rausgegangen. «

Markus E., Oberstudienrat i.R., 62 Jahre

Vielleicht war das noch keine Flatrate-Party. Aber definitiv ein Vorläufer davon ...

Unterschied Nummer 1:
Mädchen traten in solchen Szenarien eher am Rande auf. Das eine oder andere trank vielleicht auch mal ein Schlückchen mit, und ein kleiner Schwips galt als »niedlich«. Aber so richtig betrunken zu sein, war »unweiblich«. Lallend herumzutorkeln, kam nicht in Frage. Als Mädchen riskierte man dabei seinen guten Ruf. Diese moralische Barriere ist heute sehr viel geringer. Je nachdem, in welcher Clique Mädchen verkehren, halten sie es heute sogar für cool, sich hemmungslos die Kante zu geben.

»Drogen? Nee, der Scheiß, das is nix für mich! Ok, am Wochenende, da kiffen wir schon mal ein, zwei Joints. Halt so zum Chillen. Das macht doch eh jeder. Ist ja auch gar nix dabei. Steht doch längst fest, dass Haschisch ungefährlich ist. Alk und Zigaretten sind viel schlimmer. Wenn sie das jetzt sogar als Medikament rausbringen wollen, kann doch keiner was dagegen haben.«

Jojo, 16 Jahre

Unterschied Nummer 2: Jugendliche sind in ihrer Entwicklung heute früher dran als noch vor einer Generation. Nicht nur die Pubertät setzt früher ein, auch die ersten Erfahrungen mit Nikotin und Alkohol werden früher gemacht. Als Markus E. und seine Klassenkameraden das Stiefeltrinken für sich entdeckten, waren sie in der Oberstufe. Heute beginnt der Probierkonsum oft schon mit 12 oder 13 Jahren.

Unterschied Nummer 3: Während Jugendliche heute mit Alkohol möglichst schnell einen möglichst totalen Rauschzustand erreichen wollen, nahm man früher das Betrunkensein eher als unangenehme Begleiterscheinung des Gelages in Kauf. **Hoch angesehen war der, der möglichst viel vertrug.** Der King war der, der andere unter den Tisch saufen konnte. Um das »Stehvermögen« zu verbessern, wurde vor dem Trinken ein dick belegtes Käsebrot gespachtelt. (Käse stand in dem Ruf, eine gute Grundlage zu schaffen.)

> »Wenn ich Alkohol trinke, will ich nicht so viel essen, weil der Alkohol ja auch Kalorien hat. Und außerdem merkst du mit vollem Magen ja gar nichts.«
>
> Jessica, 15 Jahre

> » Grundausbildung beim Bund, das hieß saufen lernen. Da wurde permanent Alkohol gekippt, was das Zeug hielt. Wer nicht mitgemacht hat, war ein Kameradenschwein. «
>
> Hartmut Y., 52 Jahre

Unterschied Nummer 4: Es scheint uns so, als wäre die Grenze zwischen »legal« und »illegal« früher klarer gewesen. Zumindest zwischen Cannabis, Alkohol und Nikotin scheint der jugendliche Mainstream heute kaum noch einen »moralischen« Unterschied zu sehen. Ob der Konsum »ok« oder »krass« ist, entscheidet sich für sie eher an der Menge, der Häufigkeit und dem Zeitpunkt des Konsums. Ein bis zwei Joints am Wochenende oder ein gelegentlicher Alkohol-Rausch gelten als »ok«. Ein gewisses Maß an Zigaretten auch. »Krass« wird es erst, wenn jemand dauernd konsumiert, also zum Beispiel regelmäßig auch unter der Woche kifft und sich am Alkohol vergreift, oder wenn er Kette raucht.

Früher standen sich dagegen zwei Lager gegenüber:
Hier die angepassten Jugendlichen, die noch wesentlich autoritätsgläubiger waren als heute und sich von den Warnungen Erwachsener noch eher beeindrucken ließen. In ihren Reihen wurden Zigaretten konsumiert, weil es »chic« war. Auf Geburtstagspartys gab es Bowle für die Mädels, und die jungen Männer tranken gelegentlich »einen über den Durst« und niemand hatte

was dagegen, weil das ihre Väter auch schon gemacht hatten. Dort die **Freaks, Hippies und Gammler, die Revoluzzer und Psychedeliker**, die eine andere, idealere, von alten Machtstrukturen befreite Welt schaffen wollten. Autoritäten waren ihnen ein Dorn im Auge. Sie ließen sich von den Alten nichts sagen und brachen systematisch alle Tabus. Was verpönt war, machte ihnen am meisten Spaß. Sie ließen sich die Haare wachsen und hörten »Negermusik«, viele kehrten dem »spießigen« Elternhaus den Rücken, zogen in Kommunen (oder wenigstens in Wohngemeinschaften), frönten der freien Liebe, qualmten wie die Schlote, kippten billigen Rotwein und nahmen, was ihnen an Drogen so über den Weg kam – in erster Linie Haschisch und LSD. Wie exzessiv der Konsum damals mitunter war, dafür gibt es viele eindrückliche Beschreibungen in der Literatur der damaligen Zeit. Im Infoteil ist eine kleine Auswahl solcher Bücher genannt.

» Das mit dem Alkohol habe ich schon immer als problematisch angesehen, denn der macht dich einfach nur fertig. Aber es gibt auch einen riesigen Unterschied zwischen Drogen nehmen und Drogen nehmen: dasitzen und in der Ecke hängen oder das kreativ umsetzen. Ich denke da an bestimmte Musiker, die nur unter Drogeneinfluss gespielt haben. Und da kam großartige Musik dabei raus. Die Motivation, Party zu machen, hatten die Leute in den Sechzigern und Siebzigern auch.
Ein ganz großer Faktor war da, in welcher Clique du warst – die einen nahmen eben LSD und Cannabis, die anderen waren süchtig auf Politik oder auf Transzendentale Meditation. Ich gehörte zu den Ersteren. Ich habe mich zwar damals nicht wirklich als Hippie gesehen, aber die Bewegung hat mich doch fasziniert. Wir sind damals oft in den Wald gezogen. Das war's für uns: nicht das High-sein an sich, sondern gemeinsam high zu

sein. Dasitzen und die Pfeife kreisen lassen. Da
gab es auch keine Einschränkungen, wer da mitma-
chen konnte, Leute aus dem Gymnasium, Leute aus
einfacheren Verhältnissen, Ältere ... Was uns
vereinte – unser Leitfaden – war unsere Musik.
Wir haben uns oft was reingezogen und dann Platten von den Grateful Dead gehört. Von Jefferson
Airplane, Nash & Young ... Platten, bei denen du
dich erst mal reinhören musstest. Aber wenn du
dann drin warst, dann war das phantastisch. «

Wolf L., 50, Musiker

Unterschied Nummer 5: Früher waren die Zigaretten vom Wirkstoffgehalt her stärker, heute ist es offenbar das Cannabis. Wer in
den wilden Siebzigern cool sein wollte, griff zu Glimmstängeln mit
dem schärfsten Kraut, das zu kriegen war. Filterzigaretten galten
als spießig, dies war die große Zeit der Gauloises. Rothändle und
Reval gingen auch noch. Kette zu rauchen galt als Zeichen von
Weltläufigkeit und (man glaubt es kaum) Intellektualität. Vom Nikotin gelb verfärbte Finger waren das Markenzeichen der Bohème.
Jugendliche heute schütteln sich bei dem Gedanken. Wenn sie rauchen, mögen sie es »light«. Viele von ihnen halten dafür Cannabis
für ungefährlicher, als man es damals tat. Dabei sieht es so aus, als
hätten Haschisch und Marihuana heute einen deutlich höheren
Wirkstoffgehalt als früher.

» Bela Szabo, Pharmakologieprofessor an der
Universität Freiburg, bestätigt, dass der Gehalt
an dem psychisch aktiven Wirkstoff delta-9-Te-
trahydrocannabinol (THC) in der Cannabis-Pflanze
zugenommen hat. Dies sei ein Ergebnis konse-
quenter Züchtung: Man habe nur die wirkungs-
vollsten Pflanzen weitervermehrt. Der THC-Anteil
sei so im Laufe der Jahre kontinuierlich ange-
stiegen, sagt Szabo. Er ist einer der wenigen
Wissenschaftler in Deutschland, die die Wirk-

stoffe der Cannabis-Pflanze erforschen ... Die heute übliche Einschätzung von Cannabis als eher harmlose Droge basiere auf Studien, in denen Pflanzen mit geringem THC-Gehalt verwendet wurden, sagt Szabo. Um fundierte Aussagen über das derzeit kursierende Cannabis treffen zu können, müsse man dessen Effekt mindestens zehn Jahre lang untersuchen. Solche Daten seien aber erst in einigen Jahren zu erwarten. «

Quelle: Berliner Zeitung, 30.06.2004

Unterschied Nummer 6: Das Drogenangebot hat sich geändert. Früher waren die »harten Drogen« vom Stoff her meist reiner und unverfälschter. Schon eine kleine Menge hatte eine sehr starke Wirkung, und das machte sie damals so gefährlich.

Heute sind die auf dem Markt kursierenden »harten Drogen« hingegen oft mit allem möglichen unbekannten Zeug gestreckt, um noch mehr Profite herauszuschlagen. Die Konsumenten müssen eine größere Menge nehmen, um die gewünschte Wirkung zu erzielen. Dadurch nehmen sie aber auch eine größere Menge dieser unbekannten Substanzen auf. Die Unberechenbarkeit dieses »Cocktails« macht das Ganze heutzutage so gefährlich.

Sind

Jugendliche heute

wirklich

so

anders

als wir

damals

?

Wir finden: Im Grunde sind sie es nicht. Was sich aber geändert hat, sind die äußeren Umstände. Alkohol ist allgegenwärtig. Drogen sind es auch. Um die Zukunftschancen der Jugendlichen steht es nicht zum Besten. Die »revolutionären Inhalte«, die Jugendlichen damals eine Identifikation gegeben haben, sind verloren gegangen. Die dadurch entstehende Leere will irgendwie gefüllt sein. Dennoch: Nicht jeder Jugendliche, der rumprobiert, entwickelt auch eine Sucht. Viele belassen es beim Probieren. Schon damals war es so. Und daran hat sich bis heute nichts geändert.

Vom anderen Stern

Nachdem wir die Unterschiede zwischen damals und heute betrachtet haben, bleibt die Frage: Und was ist gleich geblieben? Was ist heute noch genauso wie früher?
Und dies führt uns wieder zum Anfang des Kapitels zurück. Wie war das noch? Jugendliche und Erwachsene leben auf zwei verschiedenen Planeten!

Hier ein LSD-Erlebnis der Band »Grateful Dead«, ca. 1965:

Wir verbringen den ganzen Nachmittag auf der Suche nach außerirdischen Raumschiffen. Wir sind jetzt davon überzeugt, dass sie ganz in der Nähe gelandet sind. Unsere geballte Energie hat sie angezogen. Definitiv. Sie sind eigens wegen uns hier.
Irgendwann sitzen wir alle zusammengekauert unter einem mickrigen Baum, um uns vor der Sonne zu schützen, und ganz plötzlich kommt Rosie, hysterisch schreiend, den Hang heruntergerannt.
»Sie sind da! ... Sie sind dort oben auf dem Grat und – Gott, es ist grauenhaft ...«

»Was, Rosie?«, fragt Phil und nimmt sie in die Arme. »Was ist denn?«
Sie bricht in Tränen aus. »Sie sehen aus wie unsere Eltern.« Vorsichtig krabbeln wir den Hang hinauf und spähen über den Grat. Da sind sie – ein ... Paar mittleren Alters, das seinen Hund Gassi führt. Er in Madras-Bermudas und mit Baseballkappe, sie in bedrucktem Kleid mit Strickweste. Ein tadelloser Schnappschuss der Normalität, aber für uns ein Tableau puren Horrors. Gegenseitig suchen wir unsere Gesichter nach Spuren außerirdischen Lebens ab, von jener brodelnden Mischung aus Abscheu, Neugier und Schrecken erfasst, mit der Cortez und die Azteken einander betrachtet haben müssen. Wir haben Außerirdische gesehen, und sie sind wir.

Quelle: »Amerikanische Odyssee. Die legendäre Reise von Jerry Garcia und Grateful Dead« von Rock Scully und David Dalton. Mit frdl. Genehmigung des Hannibal-Verlags, Innsbruc

»Aber mein Kind ist clean, oder?!«

In Köln sagt man:
»Es iss noch immer jut jejangen.«
Und der Vogel Strauß steckt
den Kopf in den Sand ...

Ein bisschen Statistik

Im Jahr 2005 wurde in Heidelberg eine repräsentative Gesundheitserhebung* durchgeführt, bei der nicht nur knapp 6.000 Schüler der 9. Klasse zu ihren Lebensumständen und Verhaltensweisen befragt wurden, sondern in der man auch erfasste, **wie die Eltern die Situation einschätzten**. Es zeigte sich, dass sie riskante Verhaltensweisen ihrer Kinder **massiv unterschätzten oder ignorierten**.

51 % der Jungen und fast 59 % der Mädchen gaben an, zumindest ab und zu **Alkohol** zu trinken. Nur ein Drittel der befragten Eltern schien etwas von diesem gelegentlichen Konsum zu wissen. 67 % der Jungen und 60 % der Mädchen bezeichneten sich als Nichtraucher, aber fast 84 % der Eltern waren überzeugt, ihre Kids hätten noch nie an einer **Zigarette** gezogen.

---

* Studie des Gesundheitsamts Heidelberg/Rhein-Neckar-Kreis, der Pädagogischen Hochschule Heidelberg und der Klinik für Kinder und Jugendpsychiatrie des Universitätsklinikums Heidelberg. Im Internet unter http://www.rhein-neckar-kreis.de/servlet/PB/show/1599900/Jugendgesundheitsstudie2005.pdf

Nur ein Prozent der Eltern gestanden (sich) ein, dass ihr Kind zumindest gelegentlich illegale Drogen nimmt, bei den Jugendlichen selbst sah das anders aus: Hier stuften sich 8 % der Mädchen und 11 % der Jungen als gelegentliche Konsumenten ein. Dabei ist es reichlich naiv zu glauben, dass eine wissenschaftliche Studie – und sei sie noch so gut gemacht – die Verhältnisse auch nur einigermaßen realistisch abbilden könnte. Welcher jugendliche Konsument gibt schon in einer offiziellen und noch dazu im schulischen Rahmen durchgeführten Befragung zu, was und wie viel er wirklich konsumiert? Erstens müsste er sein Konsumverhalten dazu selbst kritisch unter die Lupe nehmen. Und zweitens: Warum sollte er ehrlich sein? Durch Freimütigkeit kann er – besonders wenn er illegale Substanzen nimmt – nichts gewinnen, aber sich jede Menge Ärger einhandeln. Absolute Anonymität? »Trau keinem über zwanzig!«

Es ist also anzunehmen, dass weit mehr junge Leute dem Alkohol, dem Nikotin und anderen Substanzen zusprechen, als aus der Studie hervorgeht. Und das heißt: In Wirklichkeit stecken Eltern ihren Kopf noch sehr viel tiefer in den Sand. Und nicht nur Eltern, sondern auch so mancher andere Erwachsene, der beruflich mit Kindern und Jugendlichen zu tun hat.

» Sie wollen an unserer Schule einen Elterninformationsabend zum Thema Drogen anbieten?! Nein, kommt gar nicht infrage! Stellen Sie sich nur vor, irgendjemand bekäme Wind davon und am nächsten Tag würde womöglich noch in der Zeitung darüber berichtet ... Da würde doch jeder denken, unsere Schule hat ein Problem mit Drogen. «

Dr. Heinrich A., Leiter einer Realschule im Rhein-Main-Gebiet

» Drogen? Mein Sohn? Wie kommen Sie denn darauf?! «

Antonia M., 42 Jahre, deren Sohn Angelo seit seinem 17. Lebensjahr in der Partyszene verkehrte und nach einem freiwilligen Entzug inzwischen clean ist

O-Töne von Eltern

Nach der Vogel-Strauß-Phase folgt manchmal ein jähes Erwachen.

» Es fällt mir schwer, das zuzugeben, aber meine Tochter schlägt beim Alkohol ganz massiv zu. Nicht Bowle, so wie wir damals. Je härter, je lieber. Schnaps. Wodka und so. Letztes Wochenende war sie auch mal wieder stockbesoffen. Zwei Freunde haben sie nach Hause gebracht, weil sie nicht mehr auf eigenen Beinen stehen konnte. Was soll ich jetzt machen? Mit ihr reden? Dann gibt's ja doch nur wieder Zoff. Ich hab das Gefühl, ich komm gar nicht mehr an sie ran. «

Petra W., 42 Jahre, alleinerziehende Mutter von Manuela (19), die sich am Wochenende nach eigenen Aussagen »so richtig zusäuft«

» Ich habe ewig gebraucht, um überhaupt in Erwägung zu ziehen, dass mein Sohn Drogen nehmen könnte. Ich dachte, der ist einfach schwierig. Wie halt Pubertierende so sind. Jetzt raten mir alle, den Jungen fallen zu lassen. Damit würde ich ihm am meisten helfen. Aber ich kann das einfach nicht. «

Uschi Sch., 52 Jahre, Mutter von Christopher (19), seit 2 Jahren auf Partydrogen

» Mein Sohn Oliver nimmt Drogen, seit er 14 ist. Seitdem bekomme ich ihn kaum noch zu Gesicht. Meine Eltern machen mir ständig Vorwürfe, dass ich mich nicht richtig um meine Kinder kümmere und viel zu viel Zeit im Job verbringe. Aber was soll ich denn machen? Als Alleinerziehende bleibt mir nichts anderes übrig, als ganztags arbeiten zu gehen. Und jetzt habe ich Angst, dass meine Zwölfjährige auch noch auf die schiefe Bahn kommt. «

Susanne K., 47 Jahre, Mutter von Oliver (17) und Lena (12)

» Wenn ich mit Hanne geredet habe, kamen immer nur Vorwürfe aus mir raus. Wenn ich ihr nur einmal gesagt hätte: >Es ist zwar Scheiße, was du da machst, aber ich hab dich trotzdem lieb! «

Charlotte H., 67 Jahre, deren Tochter mit 32 an einer Überdosis Heroin gestorben ist

» Ich bin völlig überfordert. Ich weiß nur eins: Irgendwie muss ich Alenka da raushelfen. «

Viola P., 54 Jahre, deren Tochter Alenka (24) seit ihrem 17. Lebensjahr auf Heroin ist

» Iss mir doch egal, was mit meinem Sohn ist. Als ich vor drei Jahren rausgekriegt hab, dass er sich was einpfeift, ist er für mich gestorben. «

Engin A., 43 Jahre, Vater von Metin, der seit seinem
15. Lebensjahr kifft und andere Drogen nimmt

» Mein Mann hat unseren Metin schon aufgegeben. Aber ich will ihm nur helfen. Manchmal kommt er heimlich, wenn mein Mann auf der Arbeit ist, zum Essen und um die Wäsche vorbeizubringen. Ich weiß nicht, wo er schläft. Das macht mich ganz verrückt. Ich bin jede Nacht wach. Wenn mir nur jemand helfen könnte. «

Musgen A., 36, Mutter von Metin

» Also, wenn ich's vermeiden kann, mache ich einen großen Bogen um das Thema Kinder. Was würde es bringen, anderen von den Problemen zu erzählen, die wir mit unserem Mike haben. Und mit dem Jungen selbst hab ich sowieso kaum noch Kontakt. «

Olaf H., 46 Jahre, Vater von Mike (22), der seit
sechs Jahren auf der Straße lebt

» Ich habe schon Ewigkeiten nichts von meiner Tochter gehört. Das Letzte, was ich mitbekommen habe, ist, dass sie auf der Straße lebt. Aber wenn mich jemand fragt, sage ich immer wie ferngesteuert: >Sie ist im Internat und es geht ihr gut.< Ich bringe es einfach nicht fertig, die Wahrheit zu sagen. Das fällt doch immer auf die Eltern zurück, wenn ein Kind abrutscht.«

Marianne O., 41 Jahre, Mutter von Dani (18), polytox

» Ich hab wirklich alles für unseren Sebastian getan und würde alles geben, um zu begreifen, warum er drogensüchtig geworden ist. Wie oft habe ich mich gefragt, was ich wohl falsch gemacht habe. Diese Schuldgefühle fressen mich auf. Und drüber reden kann ich auch mit niemandem. Die Kinder von meinen Freundinnen sind alle, wie man so schön sagt, auf dem rechten Weg. Was würden die von mir denken, wenn ich von Sebastian erzählen würde. Wo er doch erst 15 ist. «

Christiane W., 38 Jahre, Mutter von Sebastian,
der kifft und Partydrogen nimmt, seit er 13 ist

» Als wir unser jährliches Familientreffen hatten, kam Markus total besoffen und bekifft dazu und lallte mich vor allen Leuten an, sodass jeder mitbekam, was los war. Ich wär am liebsten im Boden versunken. Noch nicht mal an unserem Familienfest kann er sich zusammenreißen! «

Jutta W., 39 Jahre, Mutter von Markus (17), der
regelmäßig kifft und exzessiv Alkohol trinkt

Mögliche Hinweise auf Drogenmissbrauch

Beim Umgang mit jugendlichem Drogenkonsum wandeln wir auf einem schmalen Grat. Auf der einen Seite ist es wichtig hinzuschauen und uns nichts vorzumachen. Auf der anderen Seite laufen wir Gefahr, uns in überzogene Ängste hineinzusteigern und uns die furchtbarsten Szenarien auszumalen – besonders dann, wenn es um unsere eigenen Kinder geht.

Stellt sich die Frage, woran wir erkennen können, ob ein Jugendlicher Drogen nimmt – eine Frage, die sich gar nicht so leicht beantworten lässt. Es gibt zwar bestimmte Erkennungsmerkmale, die auf einen Konsum hindeuten können, und in unserer Übersicht führen wir die wichtigsten Hinweise auch auf. Doch aufgrund verschiedener Veranlagungen reagiert jeder Konsument anders auf die verfügbaren Substanzen. Außerdem können die Verhaltensweisen auch auf ganz andere Ursachen zurückzuführen sein, die nichts mit Drogen zu tun haben. **Pauschalurteile können schnell zu falschen Verdächtigungen mit gravierenden Folgen führen.**

Gelegentlicher Konsum ist nach unseren Erfahrungen außer durch Urinkontrollen ohnehin kaum festzustellen. Die beschriebenen Auffälligkeiten sind nur im Falle des Missbrauchs zu beobachten. Wenn Sie in einer konkreten Situation nach den im Folgenden genannten Anzeichen Ausschau halten, dann behalten Sie bitte das ganze Bild im Blick. Und vergessen Sie nicht die beiden wichtigsten Instrumente aus Ihrem erzieherischen Werkzeugköfferchen: **Fingerspitzengefühl** und **Augenmaß**.

Hinweise auf Drogenmissbrauch können sein

- Der Jugendliche wechselt oft radikal seinen Freundeskreis. Mit früheren Gefährten versteht er sich auf einmal nicht mehr. Mitunter kehrt er Gleichaltrigen den Rücken und taucht in Begleitung älterer »cooler« Freunde auf.

- Bei problematischem Konsum ist praktisch immer Cannabis mit im Spiel. Darum entsteht oft eine Haltung des »Nicht-in-die-Puschen-Kommens« – der Jugendliche hat »keinen Bock«, sich mit Alltagspflichten (Schule, Hausaufgaben, Haushaltspflichten etc.) zu befassen. Folge: Es gibt Konflikte und Schwierigkeiten zuhause, in der Schule, in der Ausbildung …
- Es besteht eine auffällige Unlust zu Unternehmungen, die das Wochenende tangieren – die Gedanken des Jugendlichen drehen sich nur noch darum, am Freitagabend wieder auf Achse zu gehen. Kommt ihm irgendetwas in die Quere, reagiert er bisweilen ziemlich aggressiv.
- Chemische Drogen wie Ecstasy und Speed sind in der Technoszene weit verbreitet – wird Techno quasi zum Lebensinhalt, kann das (muss aber natürlich nicht zwangsläufig) ein Hinweis sein.
- Unter dem Einfluss von Speed kann man sehr lange wach bleiben. Um wieder »runterzukommen«, wird gekifft. Dadurch kann es zu einer Umkehrung des Tag/Nacht-Rhythmus kommen: Die Nacht wird zum Tag gemacht. Und morgens ist der Jugendliche kaum aus dem Bett zu kriegen. Durch den Schlafmangel entsteht eine chronische Übermüdung mit dementsprechender Gereiztheit. (Bei wem würden die Nerven nicht blank liegen, wenn er ein paar Nächte hintereinander nicht geschlafen hat?)
- Der Jugendliche braucht auffällig viel Geld und hat die erstaunlichsten Ideen, es zu beschaffen. Er fordert z.B. von den Eltern dauernd teure Schulmaterialien, die ihm sofort »geklaut« werden, sodass sie gleich noch mal angeschafft werden müssen. Er zapft sämtliche Freunde und Verwandte an, sammelt bei Nachbarn für einen »guten Zweck« … Wer Drogen missbraucht, schreckt auch nicht davor zurück, seine eigene Familie zu beklauen.
- Drogenkonsumenten geraten ständig in die merkwürdigsten Schwierigkeiten – die Welt scheint sich gegen sie verschworen zu haben. Darum kommen sie dauernd zu spät, verlieren ihre Sachen, werden bestohlen, werden von anderen angeblich

verleumdet. Stellt man sie zur Rede,»fliegen sie Kurven«: Sie haben immer die perfekte Ausrede parat.

o Cannabis macht hungrig. Aber natürlich heißt das nicht, dass jeder Jugendliche, der den Kühlschrank plündert, auch kiffen würde. (Es geht darum, auf eine Häufung von Auffälligkeiten zu achten.)

o Steht ein Jugendlicher unter unmittelbarer Drogeneinwirkung, kann sich dies je nach Substanz in körperlichen Symptomen äußern, beispielsweise erweiterte Pupillen, Koordinationsstörungen, bei Speed auch Hypermotorik (ständiges Herumzappeln, zwanghafter Bewegungsdrang). Typisch ist beim Konsum bestimmter Drogen auch der sogenannte »Laberflash«: Der Jugendliche redet wie ein Wasserfall, es fällt aber schwer, seinen Ausführungen zu folgen. Die Sätze sind zu gewunden und verschachtelt.

Neben solchen Verhaltensauffälligkeiten ist Drogenkonsum für den aufmerksamen Beobachter am Besitz diverser Utensilien zu erkennen. Aber bitte fangen Sie jetzt nicht an, in die Privatsphäre Ihrer Kinder einzudringen, um nach verdächtigen Gegenständen zu suchen! So wie ein Tagebuch für uns tabu sein sollte, ist auch das Zimmer definitiv eine No-Go-Area. Das ist Vertrauenssache! Wenn ein Jugendlicher aber nicht nur gelegentlich konsumiert, sondern sich sein Konsummuster soweit verfestigt, dass er nachlässig wird und anfängt, sein Zeug herumliegen zu lassen, ist es hilfreich, zu wissen, was man da vor sich hat. Es käme nicht gut an, wenn Sie sich in einem solchen Moment aus Unwissenheit und Naivität für dumm verkaufen ließen.

Auffällige Fundstücke

o Fahrkarten, Kassenbons oder andere »Papierchen«, die zu fingerlangen Röhrchen gedreht sind, dienen Konsumenten zum Ziehen von diversen Pulvern.

o Telefon-, Bank- oder Ausweiskarten werden in der Szene zum

Hacken von Speed, Kokain usw. verwendet und sehen dementsprechend ramponiert aus.

o Glas- oder Spiegelflächen dienen als Unterlage zum Konsum von Drogen in Pulverform und sind entsprechend mit Resten behaftet.

o Kleine Notizblockzettel, die zu Briefchen gefaltet sind, dienen zur Aufbewahrung von Drogen.

Wenn ein Sammelsurium solcher »Fundstücke« im Umkreis eines Jugendlichen auftaucht, deutet dies auf den Konsum von Drogen hin, die durch die Nase gezogen werden.

Typische Kifferutensilien

o Wasserpfeifen
o Überquellende Aschenbecher, in denen modrig riechende »Pfropfen« entsorgt werden (Rückstände der durch die Pfeife gerauchten Cannabis-Mischungen)
o Plastikflaschen mit abgeschnittenem Boden und durchsiebtem Köpfchen aus Alufolie oben auf der Öffnung. Dazu ein Eimer mit Wasser (zum »Eimerrauchen« von Cannabis)
o Postkarten, Flyer o.ä. mit einem Falz in der Mitte, die mit Tabakresten verklebt sind (dienen als Unterlage zur Herstellung von Cannabis-Tabak-Mischungen)
o Zigarettenpäckchen, bei denen Kartonstückchen von der Verschlussklappe abgerissen wurden (aus diesen werden »Filter« für Joints gedreht)
o Überreste von ungerauchten Zigaretten (Filter, Papierummantelung), aus denen nur der Tabak fehlt (dieser wird für die Cannabis-Tabak-Mischung benötigt)
o Extra langes Zigarettenpapier, an jedem Kiosk erhältlich, ausschließlich zum Drehen von Joints verwendet.

Wenn ein Sammelsurium solcher Utensilien auftaucht, deutet dies auf den Konsum von Cannabis hin.

Tütchen aller Art, egal ob aus Papier, Cellophan oder Kunststoff, dienen als Verpackung für alle Drogen.

Unsere Empfehlung: Gehen Sie doch einmal in einen »Headshop«, in dem Wasserpfeifen verkauft werden, und lassen Sie sich diverse Modelle zeigen und deren Handhabung erklären. Auch dieser kleine »Anschauungsunterricht« ist ein Schritt im Kampf gegen die Naivität. (Headshops finden sich in jeder größeren Stadt. Geben Sie im Internet bei Google »Headshop« und den Stadtnamen ein.)

Drüber reden?

Der Verdacht, dass ein Jugendlicher Drogen konsumieren könnte, meldet sich meist als ein ungutes Gefühl in der Magengrube. Irgendetwas stimmt nicht! Die Anzeichen mehren sich ... Das Naheliegende wäre, den Jungen oder das Mädchen direkt anzusprechen und zu fragen, was mit ihm los ist. Aber genau vor diesem Schritt wehrt sich alles in uns: Einen Heranwachsenden auf seinen möglichen Suchtmittelkonsum anzusprechen, ist für die meisten Eltern ebenso wie für so ziemlich jeden Erwachsenen, der in anderen Zusammenhängen mit Jugendlichen zu tun hat, ein Alptraum.

Wie wir im vorigen Kapitel gesehen haben, stehen Jugendliche unter erheblichem Druck und sind entsprechend empfindlich. Manchmal kann ein kleines Fünkchen genügen, um explosive Reaktionen auszulösen. Gerade wenn es um persönliche Verhaltensweisen geht, fühlen sie sich leicht angegriffen oder gegängelt. Viele sind schnell gekränkt und schwanken zwischen absoluter Selbstüberschätzung und totalem Selbstzweifel hin und her.
Kein Wunder, wenn es uns widerstrebt, ausgerechnet dieses unliebsame, heikle Thema anzusprechen. Abzuwarten ist sehr viel einfacher, als sich ein Gespräch mit solcher Sprengkraft zuzumuten.

Und außerdem:
Was wäre,
wenn sich der Verdacht erhärtet?
Wenn unsere Befürchtung
zur Gewissheit wird?
Dann müssten wir doch
irgendetwas tun!
Aber was???

So verständlich dieser innere Zwiespalt ist: Wenn ein Jugendlicher tatsächlich riskant Drogen konsumiert, kommen wir früher oder später nicht darum herum, dieses Gespräch zu führen. Tun wir ihm den Gefallen und schieben es nicht hinaus!

Dass Jugendliche auf erwachsene Bezugspersonen angewiesen sind, die sie mit Lob und Anerkennung in ihren positiven Verhaltensweisen bestärken, versteht sich von selbst und braucht nicht eigens erwähnt zu werden. Aber sie brauchen auch Ansprechpartner, die erkennen, wenn sie Probleme haben. Die den Mut aufbringen, sich mit ihnen auseinanderzusetzen, auch wenn es unbequem ist. Die ihnen Grenzen aufzeigen und mit ihnen gemeinsam tragbare Lösungen entwickeln. Dazu bedarf es nicht nur eines Gesprächs, sondern vieler Gespräche. Über alle möglichen Themen, nicht nur (aber auch) über Drogen.

Also gut, miteinander reden ...

... aber wie?

> » Es hat mich noch nie irgendwie weitergebracht,
> wenn die Leute dauernd auf mich eingeredet
> haben. «

Katja W., 15, kifft regelmäßig, hat Erfahrungen mit Partydrogen, betrinkt sich am Wochenende mit Alkohol

Den ersten Schritt machen

» Also, ich bin ja ziemlich tolerant mit meinen Jungs. Aber eins hab ich ihnen gesagt: Wenn ich irgendwann mal rauskriegen sollte, dass einer von euch Drogen nimmt ... Den schlag ich tot! «

Hans L., 46, Vater von Jan (15) und Piet (17)

Konfrontationskurs.
Abwehrhaltung.
Auflehnung.
Verweigerung.
Aggressivität.
Rückzug.

Das sind Begriffe, die wir mit aufmüpfigen Jugendlichen in Verbindung bringen. Wir erleben sie wie Igel mit aufgestellten Stacheln.

Und wie erleben Jugendliche uns?

Wir wollen nur das Allerbeste für »unseren Nachwuchs«. Wir möchten, dass er im Leben erfolgreich ist und haben eine klare Vorstellung, wie sich dieser Erfolg erreichen lässt. Dorthin versuchen wir ihn zu lenken. Wir versuchen, ihm Werte zu vermitteln. Wir haben hohe Erwartungen! Die womöglich nicht erfüllt werden. Vor allem dann nicht, wenn ein Jugendlicher seinen eigenen Kopf hat und sich mit gnadenloser Hartnäckigkeit über unsere Wünsche und Anweisungen hinwegsetzt. Unser Geduldsfaden ist permanent unter Spannung. Manchmal reißt er. Unser Ton ist gereizt. Alles Mögliche stört uns am Verhalten des Jugendlichen – vielleicht legt er es sogar bewusst auf Provokation an, um auf Abstand zu »den Alten« zu gehen.

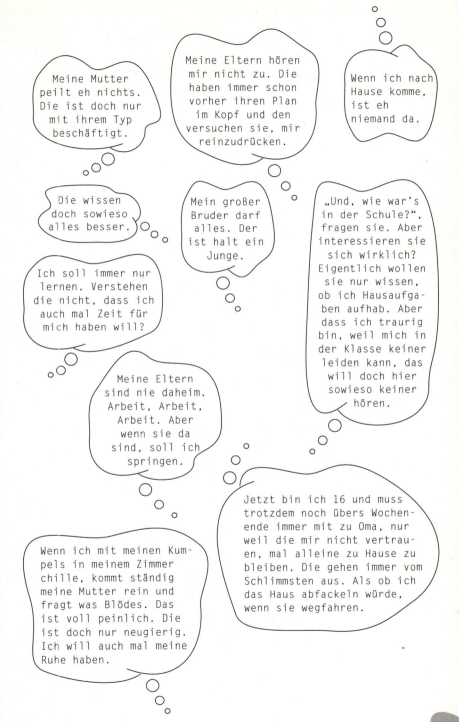

So stehen sich nun also der

Streiter für Recht und Ordnung

und der
Igel mit den ausgefahrenen Stacheln
gegenüber.

Ein Jugendlicher wird kaum von sich aus den ersten Schritt machen, um auf uns Erwachsene zuzugehen. Er ist auf Rückzug programmiert – besonders, wenn es um Themen geht, die ihm unangenehm sind und bei denen er mit Ärger rechnet.

So kann nur einer den ersten Schritt machen:

wir.

10 Regeln für Kommunikation

Oft sind es kleine Dinge, die darüber entscheiden, ob wir einen Draht zu einem Jugendlichen finden und ein anstehendes Thema mit ihm klären können, oder ob wir nur bewirken, dass er seine Stacheln (noch weiter) ausfährt. Die folgenden zehn Regeln sind kein Garant für eine gelungene Kommunikation, aber sie erhöhen zumindest die Chance, dass ein »ernstes Gespräch« nicht entgleist und zur hitzigen Auseinandersetzung wird. Sie sind nicht nur als Orientierungshilfe bei Konfliktgesprächen, sondern generell für einen möglichst konstruktiven Umgang miteinander gedacht.

Natürlich können die besten Regeln keine Übermenschen aus uns machen. Es ist völlig normal, wenn in einem heiklen Gespräch auch bei uns Emotionen hochkochen. Machen Sie sich kein schlechtes Gewissen, wenn Sie einmal nicht den richtigen Ton finden. Der Jugendliche legt schließlich auch nicht jedes seiner Worte auf die Goldwaage ...

1. Regel: Wenden Sie sich an die richtige Adresse

Wenn ein Jugendlicher »in einer schwierigen Phase« steckt, ist es durchaus empfehlenswert, sich an andere Menschen zu wenden, um sich Rat einzuholen und vielleicht auch den aufgestauten Frust loszuwerden.

Während Sie aber mit allen möglichen Leuten **über den Jugendlichen** reden, vergessen Sie nicht, sich im Zweifelsfall an den zu wenden, um den es geht: Reden Sie **mit ihm selbst.**

2. Regel: Jedem sein eigener Frust

Probleme, Sorgen und Nöte gehören zum Leben dazu. Welche Läuse sind Ihnen heute schon über die Leber gelaufen? Haben Sie sich über Ihren Chef oder die steigenden Benzinpreise geärgert? Ist die Waschmaschine kaputt gegangen? Haben Sie sich mit dem Partner gestritten? Ist Ihnen die Nachbarin quer gekommen? Oder eine Mieterhöhung ins Haus geflattert?

Wenn Sie mit dem Jugendlichen reden, achten Sie darauf, ihm nicht den Kübel mit Ihrem gesammelten Alltagsfrust überzukippen. Wenn Sie sich über ihn geärgert haben, gehört der Frust ihm. Wenn nicht, laden Sie ihn da ab, wo er hingehört.

3. Regel: Den richtigen Zeitpunkt wählen

Wichtige Dinge lassen sich nicht gut zwischen Tür und Angel besprechen. Nicht immer ist es möglich, einen guten Moment abzupassen, der für beide stimmt. Überfallen Sie den Jugendlichen aber nicht mit der Forderung, hier und jetzt für ein Gespräch zur Verfügung stehen zu müssen, sonst hat er schon dichtgemacht, bevor Sie das erste Wort gesagt haben. Vereinbaren Sie ganz geschäftsmäßig einen zeitnahen Termin, um ungestört unter vier Augen miteinander reden zu können.

4. Regel: Fasse dich kurz!

Überlegen Sie sich vor dem Gespräch, was genau Sie ansprechen wollen. Beschränken Sie sich auf wenige Dinge (im Optimalfall: eines) und bringen Sie diese in kurzen Worten und ohne Umschweife auf den Punkt. Das hat vor allem zwei Vorteile: Erstens nerven Sie Ihr Gegenüber nicht mit einer endlosen Litanei, und zweitens hilft es Ihnen, im Gespräch nicht den roten Faden zu verlieren. Gerade wenn es um die Frage nach einem möglichen Drogenkonsum geht (und insbesondere, wenn an dem Verdacht etwas dran ist), neigt der Angesprochene dazu, Ausweichmanöver zu fliegen und Nebelbomben zu werfen, um Sie vom Thema abzulenken. Je knapper und klarer Sie sich fassen, desto leichter ist es, im Gespräch wirklich das zu klären, was Sie klären wollen.

Manchmal kann eine gute Kommunikation darin bestehen, sich offen und ehrlich einzugestehen, dass man im Augenblick keine gemeinsame Basis findet.

5. Regel: Keine Gräuelpropaganda

Ein Erwachsener hat seine Glaubwürdigkeit schnell verspielt, wenn er einseitige, unqualifizierte Horrormeldungen verbreitet. Überzogene Thesen nach dem Motto »Davon fällst du tot um« halten dem Praxistest nicht stand und es entsteht der Eindruck: Wenn ich davon nicht tot umfalle, kann ich auch das und das und das noch probieren.

Zum anderen fühlen sich Jugendliche von gesundheitlichen Folgeschäden, die »irgendwann« einmal auftreten könnten, nicht wirklich bedroht. Krankheit, Siechtum, Tod – das sind Schreckgespenster, vor denen die Alten (also Leute so ab 25) sich fürchten. Jugendliche erleben sich als unantastbar.

In einem Pilzshop in Amsterdam:
»Eine urige Frau kam hinter der Theke vor und fragte uns, was wir denn bräuchten. Sie war total freundlich und wollte uns beraten, aber es hat uns eher gestresst, dauernd vollgelabert zu werden. Außerdem: Wenn sie gesagt hätte, ein Gramm reicht, hätten wir ihr das sowieso nicht geglaubt und trotzdem mehr genommen. Wir sind eben in Deutschland aufgewachsen. In Holland sagen sie dir ehrlich was zu Drogen. Hier in Deutschland heißt es immer: ‚Nimm dies nicht, nimm das nicht, das ist zu gefährlich! Davon gehst du drauf!‘ Aber wir haben es ja schon mal genommen und leben immer noch…«

Aus Lina und Ulla Rhan, *Lieber high als stinknormal*

Wenn Sie also mit einem Jugendlichen über das Thema Drogen reden möchten, lassen Sie die Kirche im Dorf. Informieren Sie sich laufend, möglichst aus verschiedenen Quellen, und hören Sie sich auch an, was Jugendliche zu diesem Thema zu sagen haben. Und wenn Sie mal etwas nicht wissen? Gut so. Wissenslücken machen sympathisch – vorausgesetzt, Sie stehen dazu.

6. Regel: Nicht Krieg führen!

Wenn Sie schon mit der Erwartung in das Gespräch gehen, dass das Ganze sowieso nichts bringt, brauchen Sie nicht mit dem Jugendlichen zu reden. Vertrauen Sie darauf, dass auch Ihr Gegenüber an einem guten Kontakt, einer für beide Seiten akzeptablen Lösung und einer positiven Entwicklung der Situation interessiert ist. Auch wenn es manchmal so wirken mag: **Der Jugendliche ist nicht ihr Feind!** Es geht nicht darum, ihn in der Auseinandersetzung zu besiegen.

7. Regel: Den richtigen Ton finden

Auch wenn es eigentlich naheliegend wäre, **ernste** Gespräche in **ernstem** Ton zu führen, verstecken wir uns in Momenten der Unsicherheit gern hinter einer Maske aus Scherzen, Flapsigkeit und Ironie. Diese »Leichtfüßigkeit« mag im Leben manches erträglicher machen, in heiklen Gesprächen aber ist sie kontraproduktiv, denn sie vermittelt dem Gegenüber das Gefühl, eben **nicht ernst** genommen zu werden. Folgende verbalen Schüsse gehen im Gespräch garantiert nach hinten los:

Es gibt Themen, die sind so kritisch, dass es kaum gelingt, sie anzusprechen - sie berühren bei einem (oder beiden) einen absolut wunden Punkt. In solchen Fällen haben Lina und ich für uns folgenden Weg gefunden: Wir drücken solche Themen nicht einfach weg, sondern machen sie uns bewusst und vereinbaren: Die kommen in ein Marmeladenglas in die Vorratskammer - irgendwann, wenn es für uns beide stimmt, holen wir sie eins nach dem anderen heraus und machen sie auf ...

- Flapsige Bemerkungen wie »Heute sehen wir ja mal wieder gut aus«
- Verniedlichungen und Koseworte wie »Du bist doch mein kleiner Liebling« oder »Komm, Schnuckelchen, sei lieb«
- Aufmunternde Sprüche wie »Man lässt sich nicht so hängen!«
- Abwiegeleien wie »Ist doch gar nicht so schlimm!«
- Durchhalteparolen wie »Wir schaffen das schon!«
- Nörgeleien wie »Warum musst du immer nänänä und nänänä?« oder »Dauernd machst du blablabla«

Sie stoßen im Gespräch auf Widerstand? Der Jugendliche blockt? Vielleicht sind Sie zu schnell. Vielleicht wollen Sie zu viel auf einmal.

Das Problem bei wichtigen Gesprächen: Oft sind wir so darauf konzentriert, **was** wir dem anderen sagen wollen, dass alles andere untergeht. Wir merken nicht mehr, **wie** der andere reagiert, **wie** er sich fühlt, ob er uns überhaupt noch folgt oder nicht. Wenn unser Gegenüber dann abschaltet, fühlen wir uns angegriffen.

Den richtigen Ton zu finden, heißt darum auch, sensibel dafür zu sein, was im anderen vorgeht, und ihn so zu nehmen, wie er (momentan) ist.

8. Regel: Meine Ziele, deine Ziele

Egal, in welcher Rolle wir einen Jugendlichen begleiten – ob als Eltern, Lehrer, Ausbilder, Sporttrainer, Jugendleiter ... -, meist haben wir einen ziemlich klaren Plan im Kopf, wohin die Reise für ihn gehen soll. Diese oder jene Leistungen soll er bringen, einen guten Schulabschluss hinlegen, die Karriereleiter möglichst hoch erklimmen. Da ist die Gefahr groß, unsere eigenen Ziele für die des Jugendlichen zu halten. Aber vielleicht will er gar nicht dorthin, wo wir ihn gerne hätten. Vielleicht hat er eine ganz andere Vision! Um einen Jugendlichen auf **seinem Weg** zu begleiten, ist es gut zu wissen, welches Ziel **er** vor Augen hat.

Ulla: »Du verbaust dir dein Leben!« Lina: »Ich verbaue mir höchstens das Leben, das du dir für mich gewünscht hast.«
ca. 1998, Lina mit 17 Jahren

Und wenn er Sie (vorübergehend) nicht als Begleiter dabei haben will, ist das traurig. Aber andererseits ist es sein gutes Recht.

9. Regel: Wirklich zuhören

Viel Streit entsteht, weil wir schon mit einer vorgefassten Meinung in ein Gespräch hineingehen und – statt zuzuhören – versuchen, unserem Gegenüber unseren Standpunkt bzw. unsere »Lösung« aufzudrücken.

Es gibt aber noch eine zweite Falle: Wenn wir zuhören, dann hören wir manchmal Dinge heraus, die gar nicht gesagt wurden. Nehmen wir folgendes Beispiel:

> »Die wissen doch sowieso immer alles! Die hören nie richtig zu!«
>
> Einer der häufigsten Vorwürfe an Erwachsene, die wir in unseren Interviews mit Jugendlichen zu hören bekamen.

Tom: »Ich hab vor, fürs Wochenende 'ne Party zu organisieren.«
Mutter: »Was? Eine Party?! Kommt nicht infrage! Ich lass mir doch nicht von euch das Wohnzimmer verwüsten! Und dann soll ich noch das Geld für das Essen und die Getränke hinlegen?! Du hast wohl 'nen Knall!«

Jeder von uns hat seine Reizworte. Wenn sie im Gespräch fallen, läuft immer gleich ein ganzes Schreckensszenario von üblen Vorerfahrungen vor unserem geistigen Auge ab. Für Toms Mutter ist »Party« so ein rotes Tuch.
Geben wir ihr eine zweite Chance und spulen die Szene zurück:

Tom: »Ich hab vor, fürs Wochenende 'ne Party zu organisieren.«
Mutter: »Eine Party? Gute Idee. Und wo soll das Ganze stattfinden?«
Tom: »Im Jugendzentrum.«
Mutter: »Im Jugendzentrum? Gehst du da öfter hin?«
Tom: »Ja, die haben mich gefragt, ob ich ehrenamtlich ab und zu mal mitarbeiten will, und ...«

10. Regel: Bilanz ziehen

Wenn das Gespräch beendet ist, vergessen Sie nicht, noch einmal in einem oder zwei Sätzen zusammenzufassen, was Sie vereinbart, erreicht und besprochen haben. Wenn es um besonders wichtige Dinge geht, können Sie das vielleicht sogar schriftlich festhalten. Und damit ist das Thema erst einmal beendet. Zeit, zu ganz normalen Alltagsdingen zurückzukehren. Was gibt's heute eigentlich zu essen?

Grenzen ziehen

Natürlich sind die beschriebenen Regeln kein Patentrezept. Es gibt Situationen, in denen es sehr schwierig ist, einen Jugendlichen mit Worten zu erreichen. Wenn er sich tatsächlich für den Weg der Drogen entschieden hat, ist das oft der Fall. Der Versuch, ihn im »ernsten Gespräch« von seinem Irrweg zu überzeugen, ist wenig Erfolg versprechend. Dies ist eine bittere Erkenntnis, die wir nicht beschönigen wollen. Aber welcher Konsument würde sich seinen Konsum schon einfach so ausreden lassen?

Wer Drogen missbraucht und in die Abhängigkeit gerutscht ist, für den zählt irgendwann nur noch eins: sich seinen Konsum zu organisieren. Verständlich, wenn er keinen Versuch auslässt, an Geld zu kommen. Da Mitglieder der Familie am leichtesten herumzukriegen sind, sind sie für ihn der erste Anlaufpunkt zur Beschaffung finanzieller Mittel. Um ein paar Euros herauszuschlagen, ist er zu vielem bereit. Auch dazu, in die Achillesferse vieler Angehöriger zu stoßen und an die Schuldgefühle zu appellieren, die sein Umfeld angesichts seiner Misere entwickelt.

Du hast dich nicht richtig um mich gekümmert!
Darum bin ich abgerutscht!
Ich kann nichts dafür!
Du bist schuld!
Und hast du mal zwanzig Euro für mich!?

Die Masche mag noch so plump klingen, gerade bei Menschen, die dem Jugendlichen nahestehen – bei Eltern, Großeltern, Geschwistern, Freunden ... –, funktioniert sie immer wieder, zumal Abhängige meist sehr findig im Ausdenken immer neuer Varianten nach diesem und allen möglichen anderen Mustern sind.

Natürlich ist es sinnvoll, wann immer es möglich ist, im Gespräch mit dem Konsumenten zu bleiben. Das heißt aber nicht, dass wir es zulassen müssen, wenn er uns rücksichtslos quer durch den Vorgarten latscht.

Ziehen Sie klare Grenzen: Bis hierher und nicht weiter.

Ja, es darf Ihnen gutgehen, auch wenn Ihr Kind einen Durchhänger hat oder Sie nicht wissen, wo es sich gerade rumtreibt.

Nein, Sie müssen nicht sofort springen, wenn es im Chaos landet.

> » Ich will nicht mit den Drogen aufhören und keiner wird mich davon abbringen.
> Als meine Mutter das akzeptiert hat und trotzdem mit mir im Kontakt blieb, mich besucht hat und mich für voll genommen hat, auch wenn ich druff war – als sie mich so akzeptiert hat, wie ich war –, ab diesem Zeitpunkt sind wir uns auf gleicher Augenhöhe begegnet, und ich konnte ihr wirklich erzählen, was mit mir los war. Was ich so mache, mit was ich meine Zeit verbringe, wo ich hingehe, was meine Probleme sind ...
> Dass ich dabei Drogen genommen habe, das war ihr klar. Ab diesem Zeitpunkt gab es keine Lügen mehr zwischen uns. Wenn wir zusammen waren, dann war da kein Stress mehr. Es war nichts Verbotenes mehr zwischen uns. Sie hat mir den Raum gegeben, selbst aus der Sucht herauszukommen.
> Jetzt will ich keine Drogen mehr nehmen.
> Diesen Schritt habe ich allein geschafft.
> Drogen zu nehmen oder nicht – das kann letztlich jeder nur für sich selbst entscheiden.

Aber es hat mir immer geholfen zu wissen, dass jemand für mich da ist, ganz gleich, was mit mir ist. «

Lina (27) im Rückblick auf 12 Jahre Drogenkonsum

Wenn Sie allein nicht weiterkommen

Wer mit einem Süchtigen zu tun hat, erlebt immer wieder Momente der Überforderung. Der Hilflosigkeit und Ohnmacht. Psychologen, Drogenberatungsstellen und Selbsthilfegruppen sind hier eine gute Anlaufstelle.* Um sich Frust zu ersparen, ist es jedoch wichtig, mit realistischen Erwartungen dorthin zu gehen. Sie können sich beraten lassen. Sie können Verständnis finden. Aber die Auseinandersetzung mit dem Jugendlichen lässt sich nicht an andere Leute delegieren. Niemand ist im Besitz eines magischen Zauberstabs, mit dem er einen Jugendlichen »retten« könnte.

Drogenkonsum hat seine Zeit.

Es braucht **Geduld**, bis der Jugendliche den Weg zurückfindet.

Wir reden hier nicht von Wochen oder Monaten.

Es kann Jahre dauern.

Es ist eine **Zitterpartie**.

Ihr Kind will riskante Grenzerfahrungen machen?

Klar, dass Sie Angst haben!

Aber dass es diesen Weg wählt,

ist **keine Frage der Schuld**.

---

* Adressen finden Sie im Info-Teil.

Alles, was stark macht

Jeden Abend eine Gutenachtgeschichte.
Jeden Morgen einen Abschiedskuss von Mama und Papa.
Jeden Sonntag Mittagessen bei Tante Sibylle.
Zu **jedem** Geburtstag Erdbeerkuchen mit Schlagsahne.
Bei **jeder** Erkältung heiße Milch mit Honig.
Jeden Montag zum Blockflötenunterricht.
Jedes Weihnachten einen rot geschmückten Weihnachtsbaum.
Jedes Ostern Eiersuchen.
Jedes Jahr einmal ins Schullandheim.
Jeden Sommer mit den Eltern Urlaub auf dem Bauernhof.

Wir alle brauchen **Rituale**, sie geben uns Halt und Sicherheit. Kinder sind ganz besonders darauf angewiesen. Begeistert fiebern sie gerade den vorhersehbaren Momenten in ihrem Leben entgegen. Und wehe, irgendjemand vergisst oder versäumt (und sei es aus wichtigem Grund) einen solchen Fixpunkt! Auch im Buch vom Kleinen Prinzen erklärt der Fuchs, warum Rituale so wichtig sind:

» Am nächsten Morgen kam der kleine Prinz zurück. 'Es wäre besser gewesen, du wärst zur selben Stunde wiedergekommen', sagte der Fuchs. 'Wenn du zum Beispiel um vier Uhr nachmittags kommst, kann ich um drei Uhr anfangen, glücklich zu sein. Je mehr die Zeit vergeht, umso glücklicher werde ich mich fühlen. Um vier Uhr werde ich mich schon aufregen und beunruhigen; ich werde erfahren, wie teuer das Glück ist. Wenn du aber

```
irgendwann kommst, kann ich nie wissen, wann
mein Herz da sein soll ... Es muss feste Bräuche
geben.«
```

Antoine de Saint-Exupéry, *Der Kleine Prinz*

Dann kommt der zwölfte, dreizehnte, vierzehnte Geburtstag, und es wird den Kindern zu eng in der eingespielten Routine. Sie wollen etwas anderes erleben. Und so manchen Brauch, auf den sie immer großen Wert gelegt haben, empfinden sie plötzlich als **peinlich** und **uncool**. Wenn Kinder zu Jugendlichen werden und sich von den Eltern mehr und mehr lösen, suchen sie sich eigene Rituale – mitunter auch in Form von **Mutproben**, die mit dem Konsum von Drogen zu tun haben können.

In **jeder** Pause auf dem Schulklo rauchen.
Jeden Freitag in den Techno-Club.
Jeden Morgen stylen und schminken.
Jedes Wochenende bei Freunden pennen.
Jeden Tag ins Training.
Jedes Poster von Tokio Hotel ergattern.
Jeden Tag die Lieblingssoap gucken.
Jeden Abend ins Zimmer verschwinden, um unangenehmen Fragen aus dem Weg zu gehen.
Jeden Tag nach Schulschluss mit der Clique in der Unterführung kiffen.
Jeden Morgen eine Pfeife rauchen.
In **jeder** Deutschstunde die Lehrerin boykottieren.
Jeden Nachmittag im Supermarkt was klauen.

Auch wenn es uns schwer fällt, wir müssen begreifen, dass »unsere Kleinen« irgendwann nicht mehr uns »gehören« und auch nicht mehr klein sind.
Laden wir sie ganz bewusst mit neuen Ritualen in die erweiterten Sphären des Erwachsenendaseins ein: Übertragen wir ihnen neue **Zuständigkeiten, Kompetenzen und Rechte**. Aber gleichzeitig auch mehr **Verantwortung**.

Trauen wir Jugendlichen mehr zu!
Die damit verbundenen Herausforderungen geben ihnen Gelegenheit, sich selbst zu beweisen. Und mitunter können sie so spannend sein, dass sie vielleicht die eine oder andere riskante Mutprobe unter Gleichaltrigen ersetzen.

Take a risk, stay clean!

Wenn wir uns die Realität anschauen, in der Kinder heute aufwachsen, scheint die Welt in zwei Lager geteilt: Die einen leben in einem Umfeld, in dem die Erwachsenen so sehr mit sich selbst beschäftigt sind, dass ihnen die Kraft und Geduld (und manchmal auch das Interesse) fehlen, sich um sie zu kümmern, ihnen Anleitung zu geben und ihnen in kritischen Momenten zur Seite zu stehen. Die anderen werden in einer Art Schonraum gehalten, in dem die Erwachsenen ihnen alles irgendwie Problematische, Unangenehme oder gar Gefährliche aus dem Weg zu räumen versuchen. Ein gesunder Mittelweg dazwischen ist offenbar immer schwerer zu finden, wobei der Graben zwischen diesen beiden Extremen keinesfalls entlang der gesellschaftlichen Demarkationslinie zwischen Arm und Reich verläuft: Ob ein Kind überbehütet oder vernachlässigt wird, hat weniger mit den materiellen Verhältnissen als mit der emotionalen Veranlagung und persönlichen Lebenssituation der Eltern zu tun.
Doch was auch immer die Ursachen sein mögen – eines ist festzuhalten: In keinem der beiden »Lager« bekommen Kinder wirklich die **sinnvollen Herausforderungen**, die sie brauchen, um sich zu erproben, Selbstvertrauen zu gewinnen und sich im Laufe der Jahre Schritt für Schritt ihr Leben in der Erwachsenenwelt zu eröffnen.

Kinder, die sich selbst überlassen bleiben, orientieren sich meist an den starken Mitgliedern ihrer Gleichaltrigengruppe – und das sind eben meist die Coolen, die sich von keinem was sagen lassen und sich durch riskante Aktionen profilieren. Die beste Möglichkeit, in diesem Umfeld Punkte zu sammeln, ist: Machen, wozu kein anderer sich traut! Wenn man das nicht fertigbringt, heißt es zumindest, mitschwimmen, so gut es geht, und bloß nicht negativ auffallen. Bloß nicht zum verspotteten Außenseiter werden (indem man beispielsweise bei Drogen NEIN sagt)!

Kinder, denen von Erwachsenen alle Schwierigkeiten aus dem Weg geräumt werden, haben ein anderes Problem: Ihnen bleiben kaum Spielräume, um ihre eigenen Abenteuer zu erleben. Besorgte Eltern übernehmen quasi rund um die Uhr die Funktion von Bodyguards, was auch verständlich ist: Man braucht nur einen einzigen Tag die Berichte in den Medien zu verfolgen, um zu erahnen, was für eine feindliche Welt da draußen auf die Kinder lauert: Jugendliche Bullys, die Schwächere auf dem Schulweg oder dem Pausenhof bedrohen und erpressen, oder Sittenstrolche, die sich im Umfeld von Spielplätzen herumtreiben, sind nur zwei von vielen Schreckgespenstern, die Kindern und Eltern gleichermaßen Alpträume verursachen.

Wann immer es geht, geben die Personenschützer ihren Schützlingen darum persönlichen Geleitschutz. Zusätzlich statten sie sie mit allen technischen Raffinessen vom ultramodernen Kindersitz bis zum Hightech-Fahrradhelm aus, um auch die Gefahr von Unfällen und Risiken aller Art weitestgehend auszuschließen. Für die wenigen unbeaufsichtigten Momente haben die jugendlichen V.I.P's selbstverständlich immer ein Handy dabei, um Hilfe rufen zu können. Und natürlich auch, um bei etwa anstehenden Entscheidungen oder aufkommenden

Auch wenn wir hier betonen, wie wichtig Grenzerfahrungen und Abenteuer für Jugendliche sind: Parallel dazu müssen sie lernen, dass das Leben nicht immer spannend sein kann, sondern zu weiten Teilen aus öder Routine besteht.

Schwierigkeiten nicht allein zu sein, sondern sofort die Probleme und die Verantwortung an die Eltern abgeben zu können. Damit die Kinder, die in diesen goldenen Käfigen sitzen, sich nicht langweilen und auf »dumme Gedanken« kommen, wird ihnen ein umfängliches Freizeit- und Beschäftigungsprogramm geboten. So wichtig es ist, Kinder zu beschützen und für sie da zu sein: Solchermaßen in Watte gepackt, geht ihnen dennoch ein wichtiger Spielraum verloren. Wo können sie sich je ausprobieren? Wie sollen sie erfahren, dass sie sich – wenn's drauf ankommt – auch einmal selbst helfen können? Woher sollen sie wissen, dass es sich manchmal lohnt, sich etwas hart zu erkämpfen? Noch nicht mal einfach so im Matsch zu waten, ist für viele Kinder heute noch möglich. Erstens, weil immer ein Aufpasser nebendran steht, der das verhindert. Und zweitens, weil sie zu lange um die teuren Markenschuhe gebettelt haben, um sie sich beim Spielen einfach so zu ruinieren!

» Wir müssen unseren Jugendlichen interessante Spielfelder bieten, wo sie sich ausprobieren und ihre Grenzen erfahren können. Wo gibt's sowas denn heute in der Schule? Ist doch kein Wunder, wenn irgendwann Nintendo oder Computerspiele die einzigen Spielfelder sind, die junge Leute noch haben. «

Steffen P., 43, Lehrer an einer Hauptschule

Bis zu einem gewissen Alter mag das mit der Rund-um-die-Uhr-Abschirmung durchaus klappen. Irgendwann aber kommt der Punkt, an dem die meisten Jugendlichen anfangen, ihre wohlmeinenden Freizeitanimateure abzuschütteln. Aber was dann? Sie sind es nicht gewohnt, ihr Unterhaltungsprogramm selbst zu organisieren, und können in den seltensten Fällen spontan Super-Ideen aus dem Hut zaubern, die jede Menge Spaß und Abwechslung bringen. Schon allein deshalb nicht, weil sie so überaus anspruchsvoll sind. Im Hotel Mama & Papa wurde ihnen schließlich von klein auf dauernd jede Menge geboten.

Was bleibt: Gemeinsam mit den Kumpels abhängen und vom großen Abenteuer träumen? Sich einen Action-Film nach dem anderen reinziehen und anderen bei ihrem aufregenden Leben zuschauen?

Manchen reicht das. Vielen aber ist das definitiv zu wenig. Gerade die kreativeren, experimentierfreudigeren Jugendlichen geben sich damit nicht zufrieden. Ihr Motto lautet eher: Wenn nichts los ist, machen wir was los! Sie finden ihre Abenteuer! Einer kommt vielleicht auf die Idee, sich seinen Adrenalinstoß beim Skaten zu holen. Eine andere kriegt ihn beim Ladendiebstahl. Oder dabei, einen Lehrer oder Mitschüler vor laufender Handycam bis aufs Messer zu quälen und das Video bei Youtube ins Netz zu stellen. Wieder ein anderer holt sich seinen Nervenkitzel bei tagelangen Techno-Exzessen, beim Autodiebstahl, bei Schlägereien und Erpressungen. Beim Mobben, Dealen, Flatrate-Saufen.

Wir wollen keinesfalls den Eindruck erwecken, dass sich alle Jugendlichen, die in behüteten Verhältnissen aufwachsen, automatisch zu Tode langweilen oder in riskante oder sozialschädliche Abenteuer stürzen. Viele Faktoren entscheiden mit, für welchen Weg sich der Einzelne entscheidet.

Es gibt auch Kinder, die genau in die entgegengesetzte Richtung gehen. Sie lassen sich so sehr von den Zukunftsängsten der Erwachsenen anstecken, dass sie sich schon in der Grundschule größte Sorgen um ihre berufliche Karriere machen. Jede schlechte Note empfinden sie als Katastrophe, und ihr Lebensglück hängt davon ab, ob sie am Ende eine Hauptschul-, Realschul- oder Gymnasialempfehlung bekommen. Doch kaum ist diese Hürde genommen, fängt das Lernen erst richtig an.

Wir sind in unseren Befragungen vielen Jugendlichen begegnet, denen der Druck irgendwann zu groß wurde, sodass sie ein Ventil finden mussten: Ob Tabletten oder Drogen – Hauptsache, diese Spannung geht endlich weg! Wenn solche Leute mit Opiaten in Berührung kommen, empfinden sie das anfangs wie einen Urlaub im Paradies.

Kindern die Möglichkeit zu geben, unter Anleitung kompetenter Erwachsener kalkulierte Risiken einzugehen, ist das Anliegen der Erlebnispädagogik. Hier können junge Leute hautnah erfahren, dass man keine Drogen braucht, um Spannung, Abenteuer und Glücksgefühle zu erleben. Leider handelt es sich bei solchen Angeboten meist um punktuelle Highlights, die keine Kontinuität bieten können. Wir finden: Es gibt viel zu wenig Räume im Alltag, in denen Jugendliche sich erproben und beweisen können; zu wenige Orte, wo sie außerhalb des Elternhauses engagierte, erwachsene Ansprechpartner finden, die wirklich Interesse an ihnen haben. Zudem scheint es so, als würden die wenigen guten Angebote, die es tatsächlich gibt, unter dem Vorwand von Sparzwängen von Jahr zu Jahr weiter zusammengestrichen. **Können wir es uns wirklich leisten, so wenig in die junge Generation zu investieren?**

» Die Schule war für mich die totale Quälerei. Nicht, weil ich nicht mitgekommen bin, sondern weil ich panische Angst hatte, einmal nicht die allerbesten Noten in der Klasse zu kriegen. Und dann war ich mit meinen Eltern im Urlaub in so einem Club. Und da habe ich ein Mädchen kennengelernt. Ich hab mich in sie verliebt. Und sie hatte solche Tabletten, ihr Vater war Anästhesist, der kam an alles Mögliche ran. Wie sie das Zeug von dem bekommen hat? Keine Ahnung. Auf jeden Fall war das ein ganz leichtes Opiat, hat sie mir zumindest gesagt. Und nachdem ich das genommen habe, bin ich geschwebt. Ich hab die Füße gar nicht mehr auf den Boden gekriegt, die ganze Zeit haben wir das Zeug eingeworfen. Und das Gefühl, das wollte ich danach immer wieder haben. Ich hab das total unterschätzt. Aber das ist halt so. «

Alvina K., 32 Jahre, ehemals heroinabhängig

Als Erwachsener Farbe bekennen

Viele unter uns wohlmeinenden Eltern (andere werden dieses Buch kaum lesen) neigen nicht nur dazu, ihre Kinder zu sehr in Watte zu packen. Es fällt uns generell schwer, uns ihnen gegenüber klar als Erwachsene zu positionieren. Wer will schon »alt« sein in einer Gesellschaft, die total auf das Ideal der Jugendlichkeit gepolt ist? Nicht nur Jugendliche wollen heutzutage cool sein, sondern auch immer mehr Erwachsene. Und wer könnte uns unsere Coolness besser bescheinigen als die jungen Leute selbst?

Wie groß ist da die Versuchung, den »Kids« als Kumpel gegenüberzutreten und so manche Grenzüberschreitung stillschweigend hinzunehmen, um nicht vor ihnen als ewig gestriger Spießer dazustehen.

Wir wollen nicht das Rad der Zeit zurückdrehen und die unbarmherzige »Autoritätsperson« früherer Zeiten aus dem Museum holen. Es geht vielmehr darum, klare Rollenverteilungen zu finden. Nur wenn wir unsere Grenzen als Erwachsene wahren, wissen Jugendliche, woran sie sind. Wenn sie sich dann mit uns auseinandersetzen, sich an uns reiben wollen, brauchen sie nicht gleich zu extremen Mitteln zu greifen. Wie soll sich ein Jugendlicher uns gegenüber profilieren, wenn wir selbst die besseren Jugendlichen sind? Was muss er sich einfallen lassen, um seine Eltern zu provozieren, wenn es keine festen Regeln gibt und quasi alles erlaubt ist?

Jugendliche testen Erwachsene. Sie wollen wissen, ob ihr Gegenüber – egal ob Mutter, Vater, Lehrer oder andere Bezugsperson – zu ihnen steht, auch wenn sie nicht das allzeit gefällige »Kind« sind.
Auch wenn ihr Standpunkt dem des Erwachsenen komplett widerspricht.
Wenn sie über die Stränge schlagen und alles infrage stellen, was vorher gut und richtig war.
Wenn sie einmal nicht die geforderten Leistungen bringen.
Wenn sie Mist bauen.

Nicht der Jugendliche, sondern der Erwachsene gibt die Richtung vor, und das sind **Sie**. Sie sind der Kapitän. Sie bestimmen den Kurs. Überlegen Sie sich gut, welche Regeln Sie aufstellen. Machen Sie keine Vorgaben, die Sie nicht kontrollieren können. Seien Sie flexibel. Reiten Sie nicht auf Prinzipien herum. Lassen Sie sich überzeugen, wenn der Jugendliche gute Argumente hat. Lassen Sie auch schon mal alle Fünfe grade sein. **Aber wenn Sie Abmachungen treffen, achten Sie darauf, dass sie auch eingehalten werden.** Wenn Sie mit dem Jugendlichen von Anfang an vereinbaren, welche Konsequenzen er bei Nichterfüllung zu tragen hat, weiß er, woran er ist, und Sie brauchen nachher nicht als strafender Engel aufzutreten.

Getestet zu werden ist unbequem. Konsequenz, Geduld, Vertrauen – das sind Begriffe, die sich schön anhören, aber nicht immer leicht aufzubringen sind. Manchmal sind wir müde. In solchen Momenten würden wir am liebsten beide Augen zudrücken, um nicht schon wieder Flagge zeigen, nicht schon wieder reagieren zu müssen. Einfach gewähren lassen, das wäre das Bequemste. Nur macht das die Sache nicht leichter. Im Gegenteil. Der Test geht weiter. Die Situation spitzt sich zu:
Der Jugendliche braucht uns als Reibungsfläche. Wir sind der Sparring-Partner für sein erstes Aufbegehren. An uns erprobt er sich als Rebell. Es ist ganz normal, dass wir dabei gelegentlich als Feindbild herhalten müssen. Verweigern wir uns und beharren auf unserem Schmusekurs, wird er uns mit seinen Provokationen vor sich hertreiben. Er will uns stellen! Wir sollen Farbe bekennen!
In diesem (manchmal sehr nervenaufreibenden) Spiel lernt er – wenn wir uns ihm nicht verweigern -, seine Interessen durchzusetzen, ohne dass andere dadurch Schaden nehmen. Hier findet er den Mittelweg zwischen Selbstbehauptung und Rücksichtnahme auf andere. Hier erwirbt er die Fähigkeit, anderen zuzuhören in der Gewissheit, im Gespräch die eigene Sichtweise vertreten zu können. Hier lernt er, Kompromisse auszuhandeln. Hier erfährt er, dass er auch nein sagen darf, ohne mit Liebesverlust oder Sanktionen rechnen zu müssen.

Und **nein sagen** zu können,
ist eine entscheidende Fähigkeit,
wenn einem
Nikotin,
Alkohol
und andere Drogen
angeboten werden.

Giftliste:
So bitte nicht

Es gibt kaum Eltern, die sich nicht diese eine Frage stellen: »Was können wir tun, damit unser Kind nicht süchtig wird?« Für den Fall, dass Sie in unserem Buch noch nicht ausreichend Antwort darauf gefunden haben, hilft Ihnen vielleicht der folgende Anti-Leitfaden weiter.

Wie machen Sie Ihre Kinder erst richtig anfällig für Drogen?

- Hören Sie Ihren Kindern nie zu, sprechen Sie über sie, aber nicht mit ihnen.
- Lassen Sie sich beim Fernsehen nicht von den Anliegen Ihrer Kinder stören.
- Lassen Sie Ihre Kinder keine Erfahrungen mit Müdigkeit, Kälte, Kränkungen, Abenteuern, Fehlern, Problemen etc. machen.
- Klären Sie Ihre Kinder über die Gefahren von illegalen Drogen auf, während Sie selbst uneingeschränkt rauchen und trinken.
- Vermeiden Sie familiäre Traditionen, auf die sich Ihre Kinder freuen könnten.
- Geben Sie Ihren Kindern keine geistigen Anregungen, verweisen Sie sie stattdessen auf Gesetze und äußeres Erscheinungsbild.
- Investieren Sie Ihr Geld immer in den Kauf von Sachen, nie in gemeinsame familiäre Aktivitäten.
- Erzählen Sie Ihren Freunden in Anwesenheit Ihrer Kinder, wie toll Ihre Kinder sind und dass Sie erwarten, dass sie immer gewinnen.

- Zeigen Sie Ihren Kindern, dass man bestimmte Gesetze unseres Landes nicht beachten muss, weil deren Überschreitung bloß ein Kavaliersdelikt ist.
- Untergraben Sie die Rolle des Partners in der Familie, damit er nur ja keinen Einfluss gewinnt. Verbünden Sie sich mit den Kindern gegen den Partner.
- Gehen Sie wegen jeder Kleinigkeit zum Arzt, und nehmen Sie beim leisesten Anzeichen von Unwohlsein Medikamente.
- Nehmen Sie die Angelegenheiten Ihrer Kinder in die Hand, lassen Sie ihnen keine Eigenverantwortung.
- Treffen Sie die Entscheidungen für Ihre Kinder und lösen Sie deren Probleme.
- Lassen Sie Ihren Kindern alles durchgehen, setzen Sie ihnen nie Grenzen, und wenn doch, machen Sie später wieder einen Rückzieher.
- Am besten haben Sie von vornherein Schuldgefühle. Sie wissen doch: Als Eltern macht man alles falsch!

Quelle des Anti-Leitfadens: »Zum Thema Sucht – Betroffene und deren Angehörige«, Broschüre des österreichischen Bundesministeriums für Gesundheit, 2004, Abdruck mit frdl. Genehmigung

Epilog

Familienfest. Oma hat ihren 95. Geburtstag. Wir fahren alle gemeinsam hin: Gerhard und ich, Eva und Lina. Die ganze Verwandtschaft ist gekommen, wir sitzen alle zusammen. Und wie es so ist, wenn man sich lange nicht gesehen hat, staunt man darüber, wie erwachsen die Kinder geworden sind (und wie alt man selbst). Für uns ist das hier die erste Familienfeier seit Jahren, zu der auch Lina gekommen ist. 27 Jahre ist sie heute, ich kann es kaum fassen. Wo ist sie eigentlich, frage ich mich und lasse meinen Blick in die Runde schweifen. Und da sehe ich sie, wie sie sich angeregt unterhält. Wie sicher sie wirkt, so als wäre sie nie weg gewesen, so als hätte es all diese schweren Zeiten, all diese Rebellion, diese Auflehnung, diesen Hass und Zorn und die jahrelange Drogensucht nie gegeben.

Wie durch Zufall kreuzen sich unsere Blicke, und unwillkürlich müssen wir schmunzeln. Wir beide wissen, was gewesen ist. Und in diesem Moment bin ich so stolz auf Lina.

Ja, ich habe eine Tochter, die den Weg der Drogen gegangen ist. Und die die Kraft hatte, diesen Weg aus eigenem Willen entgegen aller Widerstände und Schwierigkeiten wieder zu verlassen. Die sich ihren Problemen gestellt hat (und immer noch stellt), die sich einer sicherlich sehr schwierigen Therapie mit viel schmerzlicher Selbsterkenntnis unterzogen hat, die aus eigenem Entschluss in ihrem Alter das Abitur nachholt und das (ich glaube es kaum!) mit hervorragenden Noten.

Hätte mir jemand vor ein paar Jahren gesagt, dass dieses Wunder möglich ist, ich hätte ihn für einen Traumtänzer gehalten.

Info-Teil

Lexikon der Szenesprache

abrippen	jemandem durch Diebstahl oder Betrug Geld abnehmen
Affe	(einen Affen haben) Entzugserscheinungen
After-Hour	Zeit zum langsamen Runterkommen nach Partys
Blender	sieht zwar aus wie Pillen, Speed oder LSD, enthält aber keinen Wirkstoff
Bong	wasserpfeifenähnliches Gerät zum Rauchen von Drogen
Bunker	Drogenversteck
checken	Drogen verkaufen
Checker	Drogenhändler, Dealer
Chemie	hier Bezeichung für die gängigen Designer- oder Partydrogen (Ecstasy und andere Pillen, Speed, LSD)
Chemiker	Leute, die chemische Drogen nehmen
chillen	den Drogentrip langsam ausklingen lassen, ruhig werden, rumhängen und eventuell kiffen
Chill-out	- Raum zum »Abkühlen« und Ausruhen in Techno-Clubs - langsames Runterkommen nach dem Feiern
Chillum	indische Haschpfeife
clean	drogenfrei
Cola	Kokain

Cold turkey	körperliche Entzugserscheinungen
Cop	(englisch ausgesprochen) Polizeibeamter
Dealer	Drogenhändler
Dope	Droge, vor allem Haschisch
drücken	(Heroin) Drogen injizieren
druff	(kommt ursprünglich aus dem hessischen Dialekt) im Drogenrausch sein, high sein
Druffie	(von »druff«) jemand, der gerade unter Drogeneinfluss steht; Drogenabhängiger
Dynamit	eine besonders hochwertige Droge
Eimer	eine Art selbst gebaute »Wasserpfeife« zum Rauchen von Haschisch
Epi-Anfall	epileptischer Anfall, ausgelöst durch Drogenkonsum
feiern	ungehemmtes Ausleben der Lust auf Drogen und Techno
Feierszene	(Techno-)Szene, in der chemische Drogen konsumiert werden
Film	unter Drogeneinfluss veränderte Wahrnehmung der Wirklichkeit
fixen	(Heroin) Drogen injizieren
Fixer	Drogenabhängiger, der intravenös konsumiert
flacken	(LSD, Ecstasy) Drogen schlucken
Flash	schlagartig einsetzende, kurz anhaltende Drogenwirkung
Flashback	Rückkehr des Drogenflashs, ohne dass der Konsument erneut Drogen genommen hat; kann z.B. nach dem Konsum von LSD passieren

Flatrate-Party	Veranstaltung, bei der für einen einmalig zu bezahlenden Festpreis unbegrenzt Alkohol ausgeschenkt wird
Freebase	Kokain-Derivat
fressen	(LSD, Ecstasy) Drogen schlucken
Gift	Drogen
Grüner	Haschischsorte
hängen bleiben	von einem Drogentrip nicht mehr runterkommen
Hit	Drogeninjektion
Joint	Haschisch- oder Marihuana-Zigarette
Junk	US-amerikanischer Ausdruck für Opiate (eigentlich Mist, Dreck)
Junkie	Süchtiger, Abhängiger
Kick	euphorischer Zustand nach Drogenkonsum
kicken	Moment, in dem die Drogenwirkung einsetzt. »Das kickt« = »Das macht high«
koksen	Kokain nehmen
Komasaufen	exzessiver Alkoholkonsum, auch »Wettsaufen« oder »Kampftrinken«, endet nicht selten als Alkoholvergiftung im Krankenhaus oder sogar tödlich
Line	(engl. gesprochen »Lein«) eine zur Linie ausgelegte Konsumdosis Kokain
Material	Sammelbegriff für Drogen aller Art
Mikro	LSD-Pille
Optics	durch den Konsum halluzinogener Drogen veränderte Sinneswahrnehmung

Overdose	Überdosis
Pack	(englisch ausgesprochen) kleines Plastik-beutelchen mit Haschisch oder anderen Drogen
Paper	(englisch ausgesprochen) extralanges Zigarettenpapier, das zum Drehen von Joints verwendet wird
Pappe	auf Papier geträufelte Einzeldosis LSD
Pep	Speed, Amphetamine
Pfeife	Pfeife zum Haschisch-Rauchen
Piece	Haschisch-Stückchen
Pisstest	Urinkontrolle zum Nachweis von Drogen
Psilos	halluzinogene Pilze
Pulver	Heroin, Kokain, Speed etc.
Reise	Rauscherlebnis nach Drogenkonsum
Roter	Haschischsorte
runterkom-men	vom Drogenrausch zurückkehren ins Normal-bewusstsein
schmeißen	(LSD, Ecstasy) Drogen schlucken
Schuss	Inhalt einer Drogenspritze
Schwarzer	Haschischsorte
Stecknadeln	verengte Pupillen
Steine	Crack

Stoff	Sammelbegriff für Drogen aller Art
stoned	(englisch ausgesprochen) high, im Drogen-rausch
Tellerminen	erweiterte Pupillen
Ticket	auf Papier geträufelte Einzeldosis LSD
Tüte	Haschisch- oder Marihuana-Zigarette
User	Drogenkonsument
verchecken	Drogen verkaufen
voll drauf sein	körperlich schwer abhängig sein
ziehen	(Kokain, Speed) Drogen schnupfen

Kontakt & Hilfe

Jugend- und Drogenberatungsstellen

Datenbanken, über die Sie sich einen Überblick über die Beratungsstellen in Ihrer Nähe verschaffen können, finden Sie im Internet unter folgenden Adressen:

- Deutsche Hauptstelle für Suchtfragen e.V.: www.dhs.de/web/einrichtungssuche/suche.php
- Bundeszentrale für gesundheitliche Aufklärung: www.bzga.de (klicken Sie erst in der Menüleiste auf Service, dann auf Beratungsstellen, dann auf den obersten Eintrag auf der Hauptseite = Suchtberatungsstellen)

Im Telefonbuch finden Sie die Nummern von Beratungsstellen unter einem der folgenden Namen:

- Beratungsstelle für Suchtkranke und Gefährdete
- Drogenberatung
- Jugend- und Drogenberatung
- Psychosoziale Beratungs- und ambulante Behandlungsstelle für Suchtkranke und Gefährdete (PSB)
- Suchtberatung

Die Beratungsstellen arbeiten kostenlos und auf Wunsch anonym. Genau wie Ärzte unterliegen auch Suchtberater der Schweigepflicht.

Drogennotrufe

In akuten Drogennotfällen können Sie unter der allgemeinen **Notrufnummer 112** Hilfe rufen.

Rund um die Uhr erreichbar ist auch die **bundesweite Sucht- und Drogenhotline 01805/31 30 31**
(Kosten/Stand Mai 2009: 14 ct./Minute aus dem dt. Festnetz)

Beratungstelefone

- Überregionale telefonische Beratung bekommen Sie unter folgenden Nummern:
  Düsseldorf: 0211/32 55 55
  Essen: 0201/40 38 40
  Köln: 0221/31 55 55
  München: 089/28 28 22
- Oder Sie wählen das Informationstelefon zur Suchtvorbeugung der Bundeszentrale für gesundheitliche Aufklärung:
  0221/89 20 31

Online-Beratung

Einen Überblick über Beratungsangebote im Internet bietet das Online-Portal www.drogensoforthilfe.de.

Basisorganisationen

Aus der Szene heraus entstandene Einrichtungen, die die Feierkultur fördern, gleichzeitig aber mit Angeboten direkt vor Clubs und bei Raves zur Minderung der Drogenproblematik beitragen wollen.

- **ALICE** – Projekt des Drogennotruf e.V.
  Musikantenweg 22
  60316 Frankfurt/Main
  Tel: 069/48 00 49 50
  www.alice-project.de

o **Drug Scouts** e.V.
Eutritzscher Straße 9
04105 Leipzig
Tel: 0341/211 20 22

o **DROBS** Hannover Jugend- und Drogenberatungszentrum
Odeonstaße 14
30159 Hannover
Tel: 0511/70 14 60
www.drobs-hannover.de

o **Eclipse** e.V.
Raumerstr. 23
10437 Berlin
Tel: 030/41 00 27 20
www.eclipse-online.de

o **Mind Zone**
Lessingstr. 3
80336 München
Tel: 089/544 97 -172 oder -173
www.mindzone.org

o **Release** Stuttgart e.V. – psycho-soziale Beratungsstelle
Neckarstraße 233
70190 Stuttgart
Tel: 0711/26843230
www.release-drogenberatung.de

Weitere interessante Websites

www.akzept.org
www.dhs.de
www.drugscouts.de
www.drugcom.de
www.drogen-und-du.de
www.drug-infopool.de
www.id-contact.de
www.kinderstarkmachen.de
www.kmdd.de
www.medknowledge.de
www.prevnet.de
www.sterneck.net/drogen/
www.suchtzentrum.de

Selbsthilfegruppen

Auf der Internetseite der Deutschen Hauptstelle für Suchtfragen
können Sie nach Selbsthilfegruppen in Ihrer Nähe suchen:
www.dhs.de/web/einrichtungssuche/selbsthilfegruppen.php

Speziell für Österreich

Eine Übersicht über die Suchtpräventionsstellen der Bundesländer
finden Sie auf der Internet-Seite von AKIS (AlkoholKoordinations-
und InformationsStelle des Anton Proksch Instituts) unter www.
api.or.at/typo3/home/kontakt-adressen.html

Interessante Internetseiten sind zum Beispiel:
www.drogenhilfe.at
www.praevention.at
www.vivid.at

Speziell für die Schweiz

Eine Übersicht über die regionalen Fachstellen für Suchtprävention finden Sie auf der Internet-Seite
www.suchtpraevention-zh.ch/suchtpraeventionsstellen/
suchtpraeventionsstellen.htm

Einen Überblick über Suchthilfeangebote in Ihrer Region bietet
www.infodrog.ch (Klicken Sie in der Menüleiste auf Suchthilfeangebote)

Interessante Internetseiten sind zum Beispiel:
www.infoset.ch
www.sfa-ispa.ch
www.suchtforschung.ch

Speziell für Liechtenstein

Auf der Internetseite der Landesverwaltung Liechtenstein finden Sie eine Übersicht über die Präventions- und Hilfeangebote im Fürstentum unter www.llv.li/llv-asd-sucht-behandlung_betreuung

Speziell für Luxemburg

Auf der Internetseite des Centre de Prévention des Toxicomanies finden sich unter FroNo nicht nur umfangreiche Informationen zum Thema Drogen und Sucht, sondern auch eine Übersicht über die Präventions- und Hilfeangebote in Luxemburg: http://cept.lu/de/frono

Speziell für Südtirol

Auf der Internetseite der Autonomen Provinz Bozen/Südtirol bietet der Verein Step-by-Step Informationen zum Thema Drogen. Unter www.provinz.bz.it/step-by-step/default.htm finden Sie eine Übersicht über die Präventions- und Hilfeangebote in Südtirol.

Eine interessante Internetseite ist zum Beispiel: www.forum-p.it

Buchempfehlungen

Unser erstes Buch

Lina und Ulla Rhan: *Lieber high als stinknormal. Ein Buch über Drogen*, Kösel, 5. Auflage 2008

Weiterführende Literatur

Lucie Hillenberg: *Starke Kinder – zu stark für Drogen. Handbuch zur praktischen Suchtvorbeugung*, Kösel, 1998

Dr. Helmut Kolitzus: *Ich befreie mich von deiner Sucht. Hilfen für Angehörige von Suchtkranken*, Kösel, 7. Auflage 2000

Dr. Helmut Kolitzus: *Im Sog der Sucht. Von Kaufsucht bis Onlinesucht: Die vielen Gesichter der Abhängigkeit*, Kösel, 2009

Markus Schmid, Jürgen Schuler, Birgit Rieger: *Drogen. Harte Drogen, Ecstasy, Alkohol, Nikotin, Medikamente*, Ravensburger Buchverlag, 1999

Jörg Schmitt-Kilian: *Shit! Geschichte einer falschen Freundschaft, Die Dealerin und der Kommissar* und viele andere mehr. Komplette Liste siehe www.schmitt-kilian.de

Wolfgang Schmidtbauer, Jürgen VomScheidt: *Handbuch der Rauschdrogen*, Fischer Taschenbuch, überarbeitete und aktualisierte Neuauflage, 2004

Dieter Schumacher: *Das Drogen-Handbuch für legale und illegale Genuss- und Rauschmittel: Ein Führer durch die Geschichte, den Gebrauch und die Prävention der Rauschdrogen für Jugendliche, Eltern und Wissbegierige*, Bohmeier-Verlag, 2005

Jürgen Wolsch: *Drogen – ein Wissenscomic*, Eichborn Verlag, 2007

Drogenkonsum in der Hippiebewegung und der
»psychedelischen Avantgarde«

T.C. Boyle: *Drop City*, deutsche Ausgabe: dtv, 2005

Olaf Kraemer: *Luzifers Lichtgarten – Expeditionen ins Reich der Halluzinogene*, Hugendubel, 1997

Rock Scully, David Dalton: *Amerikanische Odyssee – Die legendäre Reise von Jerry Garcia und Grateful Dead*, deutsche Ausgabe: Hannibal, 2005

Psychologie und Lebenshilfe

Lina und Ulla Rhan: Vom Absturz bis zum Ausstieg

»Ein Buch, das Eltern ihren Kindern auf den Nachttisch legen sollten. Jedoch nicht, ohne es vorher selbst gelesen zu haben.«
Suchtreport

Ulla Rhan/Lina Rhan
LIEBER HIGH ALS STINKNORMAL?
Ein Buch über Drogen
128 Seiten. Klappenbroschur
ISBN 978-3-466-30563-6

»Für den Unterricht war Ihr Buch ein Glücksfall: Selten habe ich die Schülerinnen und Schüler so engagiert diskutieren gehört wie in jenen Stunden, in denen wir über Ihre Geschichte und das Problemfeld Drogen gesprochen haben. Darüber hinaus hat Ihr Buch bis in die einzelnen Familien hinein Kreise gezogen: Beim Elternsprechtag erzählten mir Mütter, dass auch sie *Lieber high als stinknormal?* gelesen und Gespräche darüber mit ihren Kindern geführt hätten ...«
Aus dem Brief eines Lehrers an die Autorinnen

SACHBÜCHER UND RATGEBER
kompetent & lebendig.

www.koesel.de
Kösel-Verlag München, info@koesel.de

Psychologie & Lebenshilfe

Sucht und Abhängigkeit

Dr. Helmut Kolitzus
IM SOG DER SUCHT
Von Kaufsucht bis Onlinesucht:
Die vielen Gesichter
der Abhängigkeit
192 Seiten. Kartoniert
ISBN 978-3-466-30816-3

Dr. Helmut Kolitzus
ICH BEFREIE MICH VON DEINER
SUCHT
Hilfen für Angehörige von
Suchtkranken
229 Seiten. Kartoniert
ISBN 978-3-466-30527-8

Pia Mellody
VERSTRICKT IN
DIE PROBLEME ANDERER
Über Entstehung und Auswirkung
von Co-Abhängigkeit
230 Seiten. Kartoniert
ISBN 978-3-466-30309-0

Lucie Hillenberg
STARKE KINDER – ZU STARK
FÜR DROGEN
Handbuch zur praktischen
Suchtvorbeugung
180 Seiten. Spiralbindung
ISBN 978-3-466-30464-6

SACHBÜCHER UND RATGEBER www.koesel.de
kompetent & lebendig. Kösel-Verlag München, info@koesel.de

Psychologie & Lebenshilfe

Neue Wege gehen

Jens Baum
WIE'S WEITERGEHT, WENN
NICHTS MEHR GEHT
Strategien für schwierige Zeiten
224 Seiten. Kartoniert
ISBN 978-3-466-30571-1

Rotraud A. Perner
DARÜBER SPRICHT MAN NICHT
Tabus in der Familie:
Das Schweigen durchbrechen
256 Seiten. Kartoniert
ISBN 978-3-466-30841-5

Elisabeth Lukas
DEN ERSTEN SCHRITT TUN
Konflikte lösen,
Frieden schaffen
224 Seiten. Kartoniert
ISBN 978-3-466-36781-8

Roland Heinzel
DIE WIEDERENTDECKUNG
DER ZUVERSICHT
In schwierigen Zeiten
Vertrauen finden
228 Seiten. Kartoniert
ISBN 978-3-466-30821-7

SACHBÜCHER UND RATGEBER   www.koesel.de
kompetent & lebendig.   Kösel-Verlag München, info@koesel.de